桜の日曜日

ＮＹのソーシャルワーク・スクールで出会ったアメリカの良心

北村育子

はじめに

私は、大学を卒業して行政職の地方公務員になりました。公務員生活が十年を越えた頃、「アメリカではソーシャルワーカーが活躍している」という話を聞いて退職し、ニューヨークのソーシャルワーカー養成校に入学しました。卒業後は、日本の社会福祉法人で働いた後、社会福祉士養成に携わってきました。ソーシャルワークを学びにアメリカに渡ってから、ちょうど三十年になります。ソーシャルワーカーとしての訓練をアメリカで受けた私が、この間ずっと感じてきたのは、アメリカ社会の方が日本の社会よりもソーシャルワーカーがその本領を発揮できるということです。その理由は、福祉のサービスを誰がどのように作るのかという仕組み、すなわち両国の福祉制度の違いにあります。

日本の人々は、北欧の国々の福祉事情に大きな関心を寄せる一方で、アメリカの事情にはずっと無関心だったと思います。アメリカという国と福祉が、イメージとして結びつかないことも確かです。それでも、アメリカ製の映画やテレビドラマで、虐待された子どもを助け出すといった支援場面などを見たことがある方も少なくないのではないでしょうか。

それを見ると、関係者が、がんばって子どもたちを守っていること、またソーシャルワーカーが身近な存在であることがわかります。アメリカでは福祉のサービスがどのように作られ、ソーシャルワーカーがどのような仕事をしているかを、私がアメリカで出会った人々を通してご紹介したいと思い、この本をまとめました。その一人がウィルマで、彼女が主催していた「桜の日曜日（Cherry Blossom Sunday）」を、本書のタイトルにしました。彼女は私にとって、アメリカ社会への窓でした。アメリカ社会は、人々の良心に支えられているように感じます。桜の日曜日は、そのような良心を持った人たちが集う場でした。

日本では今、施設から地域に出て行くことが社会福祉士に求められています。それは、援助を必要とする人たちになるべく早く出会うための取り組みでもあります。そこでは、制度に従って仕事をすることから一歩進んで、何かを始める力や創り出す力が必要になります。本書が、その参考になれば幸いです。また、ソーシャルワーカーにはどこに行けば会えるの？という方に、ソーシャルワークへの関心を深めていただけると、嬉しく思います。

二〇二三年三月

目次

第二部　アメリカの市民力

第三部　ソーシャルワークの諸相

序章　総論として

福祉国家のバリエーション

福祉国家という言葉があります。福祉国家であるためには、社会保障制度が確立していること、つまり健康保険制度や年金制度があることと、資本主義の欠陥である貧富の格差を修正する仕組みのあることが必要です。相当程度に福祉を実現している国という意味では、日本も立派な福祉国家です。この言葉はイギリスで使われはじめ、第二次世界大戦後に多くの西欧諸国において福祉国家形成のための諸施策が展開されるようになり、広く知られるようになりました。

世界の国々のなかで、福祉のすすんだ国はどこですかとたずねると、おそらくたいていの人が、北欧の国々を挙げるのではないでしょうか。福祉を志す若い人たちに聞くと、誰もがうらやましいと言います。ついでに、アメリカは福祉の進んだ国だと思いますかとたずねるとみな、そうとは思わないと答えます。どこの国でも人々の所得はさまざまで、誰からどのように税を徴収するかは国によって異なり、個人の考え方も多様ですから、負担感と社会サービスの充実感との関係は複雑です。

ソーシャルワーカーは福祉の仕事をする人ですが、福祉制度は国によって異なるので、ソーシャルワーカーの数や実践の幅も、国ごとに異なります。ソーシャルワーカーがたくさんいる国も、あまりいない国も、また一つの国の中でも、多くのソーシャルワーカーが活動する領域とそうでない領域とがあります。そして、資格がなければソーシャルワーカーとしての仕事ができないわけではないので、日本の福祉事務所では福祉職員と行政職の事務職員とが協力して、生活保護のケースワーカーとして働いています。

日本と北欧を比べると、北欧諸国が高負担高福祉で、日本が中負担中福祉の路線を行っているというのが一般的な感覚でしょうか。租税と社会保障費を合わせた国民負担率は、二〇一九年時点で、デンマークが六十六%、スウェーデンが五十六%、ノルウェーが五十四%、アメリカが三十二%、日本は四十四%でした。日本の場合、二〇二一年度は四十八%で、二〇二二年度は少し下がりそうですが、財政赤字を含めると五十七%となり、北欧並みです。

それでは、アメリカは低負担低福祉なのでしょうか。医療保険制度については、そのように言えるかもしれませんが、低所得者と高齢者については、古くから全国レベルで公的負担が行われています。児童福祉や障害者福祉はどうでしょうか。アメリカで親がいなかったり、親と一緒に暮らせなかったりする子どもたちや、身体・知的・精神に障害を抱えた人たちが、日本に比べてひどい環境に置かれているというような話は聞きません。それらの人たちに対する援助はどのように提供されているのでしょうか。

社会（福祉）サービスの提供の仕方も、国によって違います。北欧の国々は、手厚いサービスを国が提供するという方法をとっています。日本は、そこそこのサービスを国が提供するという方式です。子どもや障害者などサービスの対象ごとに法律があって、サービスの最低水準が定められています。これに対して、アメリカは全く異なるやり方をしています。

アメリカ人の考え方の底にあるのは、「自分のことは自分で決めたい」ということです。税金は安い方が良い。これは、政府が決めることは最小限でよいという考え方です。アメリカの「州」は日本の「都道府県」とは違って、州ごとに憲法や法律を整えています。たとえば、ニューヨークのマンハッタンに住んでいると、橋を渡った対岸はニュージャージーです。ニューヨークとニュージャージーでは税率が違いますから、大きな家具を買ったりする時には税率の低い方で買います。

社会福祉の視点から眺めてみると、アメリカという国のありようが見えてきます。州ご

とに憲法があって、州ごとに制度が違うということは、連邦政府に口を出させないという
ことでもあります。社会サービスについても同じで、アメリカ全土で同じ基準で提供され
るサービスは少ないのです。その数少ないサービスの一つが、低所得家庭の子どもたちを
支援するプログラムです。一九六五年に始まったヘッドスタートと呼ばれるプログラムは、
時代の変化に合わせて内容の改変・充実をはかりながら継続して実施されています。具体
的には、小学校での授業についていけるようにするための幼児教育、栄養状態や健康状態
のチェックなどのプログラムが、全土で提供されています。

高齢者福祉の場合、日本には老人福祉法という基本法があって、そこに老人ホーム、デ
イサービス、ホームヘルプサービス、生き甲斐支援など、高齢者福祉に関するすべてが規
定されています。老人福祉法の関連法として介護保険法があり、老人福祉法には、老人福
祉法と介護保険法がどのように関連するかということも書かれています。

たとえば、あなたが特別養護老人ホームを作ろうと思ったら、老人福祉法にもとづく設
置基準に従って建物を建設し、設備を整え、スタッフを確保することになります。設置基
準には、施設が目指すべき基本方針も書かれています。デイサービスセンターを作る場合
も、同じです。この方式のメリットは、日本のどこに住んでいても、同じ水準のサービス
を受けることができるということです。ですが、日本中どこを探しても判で押したような

サービスしか受けられないということでもあります。融通がきかないのです。

人々のニーズは、決して一様ではありません。都市部と山間部では、環境も異なります。「ちょっとこうしてもらえないかな」と利用者が思うこともたくさんあるでしょう。でも、融通をきかせてもらった分、すなわち基準にない時間延長などは、自己負担となります。医療で言えば、自由診療部分です。

先に述べたようにアメリカには、このタイプの全国一律のサービスはほとんどありません。人々が必要だと思うサービスを、全国各地で、そのニーズを満たすようなかたちで作り上げるのです。たとえば、乳児が死亡するという事件に着目し、同じような死亡事件や事故が起きていること、また、そのような事件や事故が、母親をうまく支援できていれば防げたかもしれないということがわかったとします。すると、そのような母親を支援するためのサービスを立ち上げる人たちが現れて、新たなサービスができるというわけです。ですから、サービスはみなローカルなのです。これが、アメリカ方式です。

そのような「誰か」が現れる保証はありません。サービスを一から作るのは、たいへんです。法律に基づく設置基準などないのですから、必要なものをぬかりなくそろえていかなくては、開設にこぎつけることができません。ただ、自由と柔軟性があります。

福祉サービスがどのように作られ、提供されるかは、国によって異なり、それぞれのやり方に人々は馴染んでいます。アメリカでは日本よりも、市民のイニシアティブが生まれやすいように思います。そのような背景や土壌があるからこそ、アメリカ方式が誕生したのでしょう。

第一部　アメリカでソーシャルワークを学ぶ

第一章　アメリカのソーシャルワーカー養成校へ

転機

昭和が平成に変わった一九八〇年代の終わり頃、私は自分の人生を見直し始めていました。安定した公務員という仕事を捨てるなど無謀だと周囲は思っていたことでしょう。しかしながら働き始めて十年が経ち、辞令一つでどのような部署にも行かなければならないことに物足りなさを感じ、「手に職」をつけるということを考えるようになったのです。自分にできること、やってみようと思うことはないか……そして見つけたのがソーシャルワーカーという仕事です。

きっかけは、留学のための情報誌でした。そのなかに、アメリカの大学でソーシャルワークを学び、現地でソーシャルワーカーとして働いているという方の書いたページがあったのです。アメリカのソーシャルワーク教育とソーシャルワーカーとしての仕事について わかりやすく書かれており、自分も学んでみたいと思いました。その後、準備に数年を費やし、評判が良いとされる数校に願書を提出しました。当時は郵便に頼るしかなく、アメリカの郵便事情は地域によってまちまちで、シカゴ大学からは何の反応もありませんでした。幸い、セントルイスにあるワシントン大学とコロンビア大学からはすぐに受け入れの返事が来ました。ニューヨークとセントルイス、どちらにするか迷った末、ニューヨークのコロンビア大学（Columbia University School of Social Work: CUSSW）に決めました。アメリカには、たくさんのソーシャルワーカー養成校（スクール・オブ・ソーシャルワーク：SSW）があり、マンハッタンにも、複数の養成校があります。

この選択が正しかったのかどうかは、わかりません。学生へのサポート体制は、ワシントン大学（Brown School at Washington University in Saint Louis）の方がはるかに良かったのではないかと思います。CUSSWにブラウン・スクールで学んだ香港出身の先生がいらっしゃいました。彼女はいつも、「ワシントン大学のブラウン・スクールは良い学校で、誇りに思っている」と言っていました。ワシントン大から入学許可が出てまもなく、留学生受入担当の先生から、現地に来る日が決まったら教えてほしい、できることは何でもするからという電話が直接ありました。ワシントン大はアメリカでは有名ですが、日本ではほとんど無名です。私はアメリカに骨を埋める気はありませんでしたので、日本における知名度でスクールを選びました。今でも、非常に感じがよかったその電話のことを、忘れることができないでいます。もしセントルイスに行っていたら、現地に定住していたかもしれません。

アメリカの専門職教育

高校を卒業して大学に入るのは、日本もアメリカも同じです。ただ日本では、法学部に行くのか文学部に行くのか、理学部にするのか工学部にするのか、受験の時に決めなければなりません。アメリカの高校生も、進路について考えるのは同じです。違うのは、日本のように○○大学の△△学部に進学するという感覚があまりないことです。単に、○○大学に行くのです。アメリカでは、大学の四年間はリベラルアーツ、つまり教養を身に着ける段階で、専門知識を必要とする職業に就くために、大学を出た後、それぞれの職業訓練学校に行って必要な知識やスキルを身に着けるという二段階方式です。もちろん、四年のあいだに、たとえば歴史学を主に学ぶ、ということはできます。ソーシャルワークも同じです。ただし、学部学生としてソーシャルワークを中心に勉強して卒業しても、専門職と呼ばれるためには、そのための教育を受けられる「専門学校」に行く必要があるのです。

私が留学できたのは、円高のおかげです。加えて、ロータリー財団からの奨学金で授業料の一部を賄うことができ、とてもありがたく思っています。一九七三年に変動相場制となり、一ドル三六〇円の時代が終わった後も、フルブライトなどの奨学金を活用せずに留学することは、庶民にはできないことでした。私のようなフツーの給与生活者にも留学というものに手が届くようになったのは一九八〇年代後半からのことです。とりわけ有名なビジネススクールは人気が高く、たくさんの人が渡米するようになりました。

学生生活

ソーシャルワーク養成校の就業年限は二年が標準で、日本の修士課程に相当します。一年は二学期制で秋学期が九月に始まって十二月まで、春学期が一月から四月です。春学期から次の秋学期までは、四か月ほどもあります。仕事と学業の両立、家族の事情、私たち留学生のように言葉の壁、などさまざまな事情を抱えている学生もめずらしくありません。そのためCUSSWでは、春学期が終わった後に夏学期を設けて、秋・冬学期に登録できなかった科目をとることができるようにしていました。

一週間のスケージュールは、月曜が実習日に決められていて、一年生も二年生も、学校での授業はありません。土日は、授業も実習もありません。あとの四日間は、たとえば火曜と木曜が一年生の授業日、水曜と金曜が二年生の授業日、というように組まれていました。学生は、一つの学期に、二科目から四科目を登録します。たとえば一年生で秋学期に三科目を登録すると、月曜は実習、火曜に二科目の授業があり、水曜と金曜が実習、木曜に一科目の授業、というような時間割になります。

最近では日本でも、大学でかなり詳しいシラバスを作成するようになり、学期中にカバーする内容もバランスのとれたものとなっていますが、私が大学生だった頃は、先生方の「研究」優先で、「授業」は、先生の研究テーマに関することが多かったと記憶しています。にもかかわらず、それが「大学らしい」と皆思っていて、誰も文句を言いませんでした。ですから私はCUSSWのシラバスを見て、その「親切さ」に感動しました。

授業は一コマ一二〇分で、その回ごとにあらかじめ読んでおくべき教科書の範囲、参考文献などが詳しくシラバスに記載されています。学生はそれに目を通して、まず教科書を購入し、教科書以外の参考文献を図書館に行ってコピーします。今は参考文献もPDFでダウンロードできるようになっているでしょうが、私の学生時代はまだWebもありませんでしたから、図書館でコピーをしなければなりませんでした。大学の図書館には、授業用の参考文献の貸出コーナーがあって、すべての授業の参考文献のコピーが数部ずつ保管されているのです。科目と授業日を伝えると、その回に使用する参考文献を出してきてくれて、学生はそれを館内の複写コーナーでコピーして帰り、授業までに読んでおきます。日本の大学で、予習をしてくる学生はあまりいません。アメリカでは、指定された文献を読まずに授業に出てくる学生は、私の知る限りではいませんでした。

一回の授業で用いられる資料は、教科書が一章分と雑誌論文が数本、というのが標準の量でした。教科書は、判の大きさもページ数もさまざまです。アメリカの教科書はかなり大判の、日本のB５縦サイズの横幅を広げて正方形に近くしたような大きさのものが、多くありました。薄目の紙で六百頁ぐらいあるものもザラで、文字も小さく一章分となるとかなりの量になります。教科書のみということは、ほとんどありませんでした。それに雑誌論文が数本加わるので、一学期に三科目登録すれば、毎週この三倍の量の文章に目を通さなければならないのです。そして、レポート（アメリカではペーパーと言います）を一科目につき二回提出しなければなりません。成績評価は、学期半ばに提出するミッドタームペーパーと期末のファイナルペーパー（または授業内試験）によって行われます。ソーシャルワークを学ぶ学生は、週三日、九時から五時まで実習生としてフルタイムで働いています。ペーパーの執筆要領はシラバスにかなり詳細に記載されているものの、三科目履修していれば、学期中に六本のペーパーを仕上げなければなりません。九月に入学して十二月に最初の学期が終わった日の解放感は、ちょっと言葉では表せません。アメリカ人の学生たちもみな"I'm done!"（「終わったー！」）と言いながら互いの労をねぎらっていました。アメリカ人であっても、単位修得は楽ではないのです。

ＣＵＳＳＷでは、卒業するために十四科目の修得が必要でした。各学期に三科目の登録では、二年で卒業できません。一学期に四科目の修得は、たいへんなことです。アメリカ人でも、二科目にしている人もいました。同級生や先輩の日本人のなかに、結婚や家族の仕事など、さまざまな事情でアメリカに長期滞在するうちに、ソーシャルワーカーを志したという方が何人かいました。そのような方は、入学前に科目履修生として、秋学期と冬学期に一科目ずつ学んでから正規学生として入学する、という道をとることができます。何科目か履修するうちに、ソーシャルワーカーという仕事が自分に合うかどうかを見極めることもできるので、科目履修は良い選択だと思います。

単位を修得することが目標であることは、確かです。しかしながら、余裕がなくて、内容を十分に消化できないようでは、何の意味もありません。お金と時間が許すのであれば、修了年限を伸ばして、各学期の登録科目数を少なくするのが良いと思います。そうすることで、各科目の理解度も深まり、結局は得をすることになります。今では、多くの養成校がリモートでの履修を併用しています。一定期間アメリカに滞在する機会があれば、アメリカのソーシャルワーカー養成校は、厳しいながらも多くを学ぶ日々を提供してくれます。

日本では四月が新学期で、会計年度も四月始まりです。少子化に伴う学生の確保や、海外の優秀人材の呼び込みのために、九月を新学期としてはどうかという提案があるようです。私は、四月始まりでよいと思います。花はさくら、花が咲くと新学期、三月に卒業、これは文化です。三月に卒業してアメリカの大学に九月に入学すると、半年「無駄」になるでしょうか。早めに渡米すれば、新学期までに少し生活に慣れることができます。地下鉄やバスにどうやって乗るのか、食料品や日用品はどこで買えるのか、リンゴは一個いくらなのか等々。生活に慣れることは、学業でつまずかないためにも重要なことです。

根をおろす場所

今、円安（二〇二二年のこの原稿執筆時は歴史的な円安が進んでいます）でアメリカへの留学はとても高くつくということ、また、アメリカの物価の高さが学生たちの生活を苦しくしているということを新聞で読みました。海外に留学する日本人の数は、コロナの影響を除けばずっと増加傾向にある一方、米国の大学や大学院に在籍する日本人学生数は減少傾向のようです。私が留学していた頃は、米国留学ブームでした。円高であったこと、アメリカの物価が日本よりも安かったことも影響していたと思います。

コロンビアに日本人留学生はたくさんいて、とりわけ国際関係や公共政策を学ぶ学生と、ビジネスを学ぶ学生とが多かったように思います。ロースクールには、アメリカで弁護士になるコースと、法律を学問として研究するコースとがあって、中央官庁や法律学の若手研究者たちは、後者のコースで勉強することが多いようです。医師や弁護士として現地で実践するためには言葉の壁がありますので、多くの日本人にとってはハードルが高くなります。ソーシャルワークも、日本人留学生が少ない分野の一つです。ＣＵＳＳＷでは、四百人近くいる同級生のうち、日本人は私を含めて三人でした。私たちの学年が、特に少なかったというわけではありません。ソーシャルワークが日本人にとって非常にマイナーな分野であることに加え、実習があってアメリカ人を実際に援助しなければならないことから、やはり言葉の壁が厚いということも大きな要因です。

また、卒業後は私のように帰国するよりも、アメリカでソーシャルワーカーとして就職する道を選ぶ傾向がありました。それは、州の認定試験を受けて、公認ソーシャルワーカーとして一定年数働けば、ほぼ確実に永住権が得られるという実際面での利益とも関係していると思います。いずれ日本に帰国するつもりでも、日本でアメリカのようなソーシャルワーク実践ができる職場は少なく、ソーシャルワークのスキルを磨くためにも卒業後しばらくはアメリカで働きたいという思いも、よく理解できます。帰国するか、現地に留まるかは、その人の日本社会への帰属意識の程度によると思います。たとえば自閉症児を援助したいという場合、アメリカ人を援助しても日本人を援助しても同じことではないかと考えれば、アメリカにとどまるという選択もあるでしょう。

アメリカは移民の国で、とりわけ中南米からの移民の流れはずっと続いています。スペイン語ができれば、就職に困ることはありません。広東語が話せれば、チャイナタウンのソーシャルワーカーになれるでしょう。ただ、ソーシャルワークの場合、人間力とでも言いましょうか、個々人の力量による側面が大きいので、英語をネイティブのように流暢に話せるからといって、またマイノリティの話す言葉を使えるからといって、優秀なソーシャルワーカーになれるわけではありません。私の知る限り、日本人留学生でそのまま就職を果たしたソーシャルワーカーは、アメリカ人に引けを取らない、あるいはそれ以上の活躍をしています。

トラブルは御免

アメリカでは、小さな大学ほど良い大学だと言われます。小さな大学は、一人ひとりに行き届いたサービスができるからですが、その分、学費も高くなります。コロンビアのような大きな大学では、そうはいきません。何か一つトラブると、それを解決するためにあちこち走り回らないといけないことになります。健康診断書が出ていないので授業の登録ができないとか、どうすればよいのかをたずねて指示された書類を提出してもその後の音沙汰がないとか。私も、何度かトラブルに見舞われました。本来かけなくてもよい時間と労力を費やして「通常」の状態に戻してもらわなければなりません。走り回って解決できればまだしも、事態が一向に進展しないこともあります。手続きが正常に進まなければ、単位修得、ひいては卒業にかかわりますから、気になって授業にも身が入りません。怒りとやりきれなさで、疲弊してしまいます。それは私の英語力が足りないせいで、アメリカ人はスイスイと泳いでいるのだろうと思っていました。ところがある日教室で、アメリカ人の学生が、私が感じているのと同じような不満を「サービスが悪い」と先生に訴えたのです。自分だけが不利益を被っているわけではないことを知って、気持ちはぐっと楽になりました。

規模の大きい大学では、どうしても学生がレッドテープ（形式主義）の弊害を被ることになります。それを緩和するために大学には「オンブッズオフィス」がありました。中立の立場で苦情を聞き、対応する部署です。指示されたとおりに行動しているにもかかわらず運悪く不利益な取り扱いをされてしまった時に、オンブッズオフィスは力強い味方です。

どの部署も、オンブッズオフィスから問い合わせがあれば、真っ先に事態の把握に努めます。日本の大学で、オンブッズオフィスの必要性があまり認識されていないのであれば、それは学生の学事を担当している職員のみなさんが、学生たちのために良いサービスをしていらっしゃるということだと思います。

最初のトラブルは入学の直前で、胸部X線写真が出ていない、というものでした。大学からの通知に、至急大学の診療所に行くようにと書かれていました。結核にかかっていないことの証明書が必要だとは、聞いていませんでした。診療所に行くと、女性の医師が私の住所を見て気の毒そうに「ここって日本の大都市ですよね」と言ってくれましたが、「型どおり」の手続をすすめるしかありません。彼女が指示書を書き、別の建物で撮影を済ませ、何日か待って証明書を発行してもらって、なんとか無事に手続きは進みましたが、まだ現地での生活にも慣れない頃でとても疲れました。

もう一つは、最初の学期が始まってまもなく、実習先への配属をめぐるトラブルでした。電話があり、「初年度に予定していた実習先に受け入れてもらえなくなった」ということでした。日本なら担当者が「すぐに代わりの実習先を探しますから大丈夫です」と付け加えるのではないでしょうか。気の利いた大学なら、代替実習先の候補を用意してから学生に連絡するのではないかと思います。ただこの件に関しては、代替実習先がまだ確保されていないことが、私にとっては幸いでした。「車を持っていないので、遠方には行けません。なるべくマンハッタンでお願いします」と希望を伝えることができました。かなり強く言ったと記憶しています。その結果かどうかはわかりません。新たな配属先は、ミッドタウンにありました。学生の実習先が確保できないということは、学校の責任上あってはならないことです。担当者も、きっと焦ったと思います。手っ取り早く処理するために、自分の友人が働いている事業所に頼み込んで、あぶれてしまった新入生を一人押し込んだのかもしれません。電話があった時にはとてもショックでしたが、翌日には新しい実習先が見つかったので「どうもありがとう」と心からの感謝を伝えました。

何か一つトラブると、元の軌道に戻すために時間と労力を費やさなければならないのは、不利益を受けた側です。コンビニやスーパーマーケットのレジで、自分の前の人が通過した時点でレシートの紙がなくなって交換、というぐらいなら、数分待てばよいだけです。でも、十分以上並んでようやくたどり着いた銀行のＡＴＭが、操作の途中で不具合を起こしたりしたら、かなりの時間がかかります。横の機械では次々と処理が済んでいくのを目にすると、神様をなじりたくなるでしょう。いずれにせよトラブルに遭遇して、それが解決すると、ドッと疲れが押し寄せてきます。トラブル解決にはパワーが必要です。パワーがなければ、トラブルは解決されません。誰もが可能な限り幸せに人生を歩んでいくことができなければなりませんが、自分の力では事態を改善できない時、ソーシャルワーカーの出番となります。

ソーシャルワーカーを呼べ

病院や警察を舞台にしたアメリカのテレビドラマを見たことがあれば、一度は「ソーシャルワーカー呼んで！」というセリフを聞いたことがあると思います。私は、このたぐいのドラマを比較的よく見ますので、何度も耳にしています。場面設定で多いのは、親が小さい子どもを残して死んでしまったという状況です。アメリカ社会にはソーシャルワーカーがしっかりと居場所を確保しているので、誰もが、どのような場合にソーシャルワーカーを呼べばいいのかがわかっている、ということでしょう。けれども日本ではまだ、「ソーシャルワーカーって？？」という状況です。最近になってようやく病院にソーシャルワーカー（社会福祉士）を置くと、診療報酬が得られるようになりました。

病院であれば看護師さんが、老人ホームであれば介護福祉士さんが、とりあえず困っている人の話を聞かなければ援助は前に進んでいきません。ソーシャルワークの専門用語では、この入り口の話をすることをインテーク（受理面接）と言って、当該機関でその人を援助することができるのか、それとも他機関に紹介（送致）した方がよいのかを判断します。つまり、その人の困りごとの大まかなところを理解して、次にどのような援助が必要なのか見当をつけるのです。

たとえば病気で入院することになったけれど、一人親なので子どもたちのご飯をどうしようとか、長期入院で結局仕事を続けられなくなって収入の道が絶たれた、といった「今の状況」を誰かが聴き取らなければなりません。看護師さんが入院のために必要な説明をする際、入院することで大きく変わってしまう生活の変化を、その人が受けとめられているかどうかに関心を寄せ、支援が遅れないように声をかけていただけると、とても助かります。入院することになったシングルマザーさんは、子どものごはんをどうしようとか、入院費は払えるだろうか、とか不安でいっぱいです。その不安は、その人の表情やしぐさのどこかに現れているはずです。

入院費を払えるかな？　と不安に思っている段階では、払えるか払えないかわからないので、「払えないとどうなるんですか？」とは聞きにくいでしょう。本当に払えないことがはっきりして、それでもなんとか払う方法はないかといろいろ考えて、そのうちに病院の未払い者リストに名前が載って、督促されてはじめて困っているということが明らかになってくる……のでは遅いのです。最後には、このお母さんに公的な支援が提供されると思います。それでも、困っていることをなるべく早く把握して、ソーシャルワーカーにつなぐことができると良いと思います。今では、ソーシャルワーカーを置いている病院も多くなっています。そのような病院では、早い段階で患者の困りごとに気づくことができるシステムが整っているでしょう。最初に気づくことができるのは、医師や看護師です。受付の方などを含め、誰かがヘルプサインをキャッチして、遠慮せずにおせっかいを焼いてくださることを期待します。「何かお困りのことはありませんか」という一言は、「私は聴く耳を持っています」「助けを求めてもいいんだよ」というメッセージです。

第二章　ソーシャルワーカーのいる国アメリカ

アメリカのソーシャルワーカー養成

アメリカ政府の労働統計によると、二〇二〇年時点で少なくとも七十一万五千人のソーシャルワーカーがいて、その数は二〇三〇年までに十二％ほど拡大すると推計されています。アメリカ国内でも、今後最も数が増えていく仕事の一つだそうです。アメリカでソーシャルワーカーになるには、大学でソーシャルワークを専攻するか、大学を出てソーシャルワークスクール（養成校）で学び、各州の資格試験を受けるかのいずれかです。大学卒では、州の試験を受けることができないので、大卒のソーシャルワーカーは、養成校を出て州の試験に合格した認定ソーシャルワーカーの下で、補助的な仕事をすることになります。たとえば、事業所にやって来た人に面接し、事業所で利用者として受け入れるかどうかを判断（インテーク）するといった仕事です。その後の援助は、認定ソーシャルワーカーに引き継がれます。

アメリカの大学（高校卒業後の四年間）は、一般教養（リベラルアーツ）を学ぶところで、仕事に必要な専門知識は、大学を出てからそれぞれの専門分野の職業訓練校（大学卒業を要件とする修士課程）に行って身につけます。日本でも、工学部においては従来から、修士課程を含む六年の教育を経て社会に出て行く例がめずらしくありませんでした。それは、企業が新製品開発のために高い知識を持った人材を求めるからです。医学部が六年の教育を行っていることも、人の命を預かるためには、それだけの教育年限が必要だからでしょう。それ以外の分野では、大学院に進むということは研究者になることを意味していました。少子化に伴って大学院の門戸は広がりましたが、研究を目的とする大学院の多い日本では、大学院進学が大学卒業後の選択肢の一つとして一般化しているとは言い難いところがあります。

アメリカでは、ビジネススクール、ロースクールなどへ、それぞれ自分の目指す仕事をするために進学します。研究者を目指す人は、ごく一部です。つまり、修士課程ではあっても「職業訓練校」で、修士の学位は、専門職としての教育を受けたという証明書に過ぎません。日本でも、子どもを大学で学ばせるためにはかなりのお金が必要です。私学であったり下宿をしたりするとなると、なおのことです。アメリカの大学の授業料が高いことは、よく知られています。アイビーリーグの大学や西海岸のスタンフォードなど、一流校は私学であることが多く、学費は非常に高額です。ですから多くの若者は大学を出て働き、貯金ができてから進学するのですが、必要額を全額貯金するまで進学を延ばすと、希望の仕事に就く日も遠のくので、一定額がたまったら学資ローンを組んで学校に行き、卒業して目指す仕事に就いてからローンを返済する道を選びます。ただし、全員が「高収入の」仕事に就けるわけではありませんし、完済前に失職したりすると、ローンの支払いが重くのしかかることになります。

なぜソーシャルワーカーに？

アメリカは、階級社会です。学校を出ているかどうか、資格があるかどうかで、待遇は天と地ほども違ってきます。留学時代、作業療法士による訪問診療の現場に出くわしたことがありました。その作業療法士は、百キロ以上あるかと思う巨漢の黒人女性で、運転手を従えてやって来て、十分ほど体操の指導をしただけで、ファイルに記入して帰って行きました。現在、ソーシャルワーカーの年俸の中央値が五万二千ドルほどであるのに対して、作業療法士の場合は八万六千ドルほどだそうです。その時も、学歴社会の一端を見た気がしました。

ソーシャルワーカーの報酬は、決して高いものではありません。それでも、ソーシャルワーカーになりたいという人がたくさんいるのです。全米に、学部レベルのソーシャルワーカー養成校が五六〇校ほど、認定ソーシャルワーカーになれる修士課程のソーシャルワーカー養成校が三五〇校ほどあります。あるソーシャルワーカーが、仕事の苦労と楽しさを率直に語った『サリー・ソーシャルワーカー』（未翻訳）という小さな本があります。そのなかで彼女サリーは、「夜中でも担当するクライエント（自分が援助を担当する人のことをソーシャルワークではクライエントと呼んでいます）のところに駆けつけなくてはならないこともあるの」「クライエントはかなり世間なみからはずれた人であることも多いので、そんなクライエントに街で出会って挨拶をしたりすると、周囲から私も怪しげな人というような視線で見られたりするのよね」などと紹介しています。そして、そんなたいへんな仕事にもかかわらずやめられないと言っています。金銭的な報酬面では割に合わないけれど、金銭以外の大きな報酬があるということです。

　援助が必要な人はどこかに必ずいて、それもたくさんいて、たいへんな仕事であるにもかかわらずお給料は安いのですから、ソーシャルワーカーの場合、仕事がないということはありません。

女性職場

ソーシャルワーカーという仕事の、アメリカでのもう一つの特徴は、女性の仕事だと見做されているということです。日本の福祉制度についてほとんど知らないまま、アメリカのソーシャルワーカー養成校に入った私は、帰国後、日本の社会福祉士養成課程に多くの男子学生がいるのを見てびっくりしました。CUSSWの学生の九割は女性でした。私の場合、大学時代は男子学生の多い学部に通っていましたし、就職後の職場もまた男性が多数を占めていましたので、アメリカでの「女子大?」経験はとても新鮮で、のびのびとした空気を感じました。

男性ソーシャルワーカーは一割しかいないのに、現場で管理職を務める男性ソーシャルワーカーの割合の高いことが、ジェンダーの問題として、教室で話題となることがありました。日本では、少子化に伴って男子校も女子校も共学化に踏み切るところが増えていますが、アメリカでは、女子大を共学にするという話が持ち上がると、学生から反対運動が起きたりします。それは、非常に意義のある運動だと思います。アメリカでも日本でも、ジェンダー感覚は深く浸透しています。女子校では、生徒会長の役割も力仕事も、すべて自分たちで担わなければなりません。戦前の日本では、男子は中学校に、女子は女学校にというように分離教育が行われていました。女学校という世界で彼女たちは、自律もリーダーシップも実践的に学ぶことができたはずです。卒業後は、おそらく世間との折り合いをつけるのに苦労したことでしょう。女子校という環境は、女性が活躍できていない国の代表である日本には、まだ当分のあいだ必要な環境だと思います。津田梅子はブリンマー・カレッジを、ルーシー・モード・モンゴメリーはスミス・カレッジを、マーガレット・ミードはバーナード・カレッジを出ています。これらの女子大学は今も、一流校であり続けています。

ソーシャルワーカーがアメリカの女子学生にとって選択肢の一つになるのは、州の認定ソーシャルワーカーになった後、心理カウンセリングの講座を受講し、臨床心理士としての資格を得るという道があるからでもあります。アメリカ人はカウンセリング好きで、カウンセリングを受けると、その費用が加入している健康保険から支払われます。カウンセリングは、通常カウンセラーの自宅で行われます。自宅で開業すれば、学齢期の子どもがいても自宅にいることができますし、それ以上に、福祉関連の事業所で現場のソーシャルワーカーとして働くよりも、はるかに高額の報酬が得られます。「お母さんの仕事」として理想的だというわけです。

アメリカは、ウーマンリブの国というイメージがありますが、実はかなり保守的で、良妻賢母が貴ばれる下地があります。ＷＡＳＰ（White, Angro-Saxon, Protestant）という言葉があるように、宗教的にもあまり寛容ではありません。「小学校では毎朝、星条旗の掲揚に合わせてキリスト教のお祈りを唱えていた」と先生の一人が話していました。私の小学校時代、修学旅行は伊勢方面に行くことになっていて、伊勢神宮がコースに含まれていました。参拝を強制することは問題ですが、史跡として訪れる価値は十分あると思います。実際、参拝を強制された覚えはありません。ところがずっと後になって、伊勢方面に修学旅行には行くものの、伊勢神宮はコースから外され、代わりにテーマパークに行くことになっているという話を聞きました。宗教的な問題について、多様な意見があることに配慮した結果だそうです。戦前に神道が国家神道として機能した結果を過小評価すべきではありませんし、信教の自由を侵すことはできません。しかしながら、歴史や文化を学ぶせっかくの機会を子どもたちから奪っているようにも見えます。

話を元に戻しますと、住んでいた大学の寮には、当然ながら公共政策、ビジネス、ジャーナリズムなどいろいろな専攻の学生がいました。たまたま知り合ったビジネススクールの学生が、私に何を勉強しているのかと聞くのでソーシャルワークと答えると、「それはいい仕事だね。女性にとってはいちばんいい仕事だよ」と言いました。彼は、軽い気持ちでそう言ったのでしょう。でも、アメリカ人の一般的な感覚がよく示されています。彼の言葉を思い出すたびに、連邦最高裁判事を務めたルース・ベイダー・ギンズバーグやヒラリー・クリントンの歩んできた道程がまだ遠いことを感じます。

ソーシャルワークの方法

ソーシャルワークには、二人の母がいます。一人はメアリー・リッチモンド、もう一人はジェーン・アダムズです。アダムズは、ノーベル平和賞を受賞しています。

日本では、福祉事務所で生活保護を担当する職員のことを、ケースワーカーと呼んでいます。ケースワークは、一人の人、あるいは一つの家族を個別に、つまり事例ごとに援助する、ソーシャルワーク援助の方法の一つを指す言葉です。これに対して、似たような課題を抱えている人を集めてグループを作り、メンバーがグループ内の相互作用を活用して自分の課題を解決できるように援助することを、グループワークと言います。また、特定の地域を支援の対象として、その地域の生活環境改善に取り組むのが、コミュニティ・ワークです。リッチモンドはケースワークの母、アダムズはコミュニティ・ワークの母として捉えられています。

グループワークを専門とするソーシャルワーカーを、グループワーカーと呼ぶことがあります。あるソーシャルワーカーが、「私はグループワークが得意なので、グループワークで皆を幸せにしたいの。だから、グループワークで幸せになれるかもっていう人がいたら、私に紹介してね」と言ったらどうでしょうか。お医者さんに、内科医や精神科医がいるように、ソーシャルワーカーにもそれぞれ関心のある分野や得意な技術があります。私たちは、お腹が痛い時は内科の医院を、足を挫いてしまったら整形外科の診療所を、心の不調の場合は心療内科や精神科を訪ねます。内科のお医者さんに診てもらって、手術が必要だから外科を紹介してもらう、というのはよくある話です。日本の医師免許制度は、内科医としての免許、外科医としての免許、というように分かれていないので、内科のお医者さんが外科手術を行うことも制度上はできます。ただ緊急時でもなければ普通、そのようなことはありません。それは、内科には内科に、外科には外科に必要な知識と技術があって、それぞれに精通していなければ医師としての責任、すなわち医師免許が保障する「生命をまもる」という責任を果たすことができないからでしょう。ソーシャルワーカーは、お医者さんのように人の生命を直接預かっているわけではありませんから、自分の得意なソーシャルワークの技術を活かして、その分野だけの仕事をしてもかまわないと考えることも、もちろんできます。でも、ソーシャルワークの世界では、そのように考えることは少なくなっています。

ソーシャルワーカーは、何か困りごとや不幸を抱えて、それを自分一人ではどうすることもできないでいる人が、自分の人生を十分に生きることができるようにお手伝いをします。困りごとや不幸の中身は、本当にさまざまで、重い病気になることもその一つです。病気になると、仕事を辞めなくてはならなくなるかもしれません。そうなると、これからの生活が心配です。このように、困りごとや不幸は、何か一つをきっかけにいろいろなことにつながっていったり、あれこれが絡まったりして、とても複雑です。そして大切なことは、病気になったり、事故や災害で家族を失ったり、親友に裏切られて人が信じられなくなったりすると、私たちは凹んでしまうということです。凹んでいる状態では、どうしたらそれらの困りごとを跳ね返すことができるのかを考える気力も萎えてしまいます。その不足分を、ソーシャルワーカーは補います。つまり、ソーシャルワーカーの援助は、凹んでいる人のあれやこれやすべてを対象としています。

ソーシャルワーカーと医師の仕事を比べてみましょう。医師の仕事は、私たちの病気を正しく診断して最善の治療をすることです。ですから、正しい診断と治療ができれば不愛想でも横柄でもかまいません。もちろん、不愛想なお医者さんより、よく話を聞いてくれるお医者さんの方が、私たちは自分の病状をよりうまく説明することができるでしょうから、医師の態度と治療とは無関係ではありません。そのため近年は、医師の養成教育においても聴く力が重視されるようになってきています。ただし、どんなに患者に寄り添ってやさしく接してくれたとしても、正しい診断ができなければ、医師とは言えません。

ソーシャルワーカーの仕事は、その人が元の元気を取り戻せるようにすることです。困りごとや不幸は単純ではありません。ですから、その人の話をよく聴いて、どうすればよいかを考え、いちばん有効な方法を選択しなければなりません。その人が幸せになるために、同じような不幸を抱えた人のグループに参加することがとても役立ちそうだ、という場合でなければ、グループワークは必要ありません。「私はグループワークが得意なので、グループワークが必要な人がいたら紹介してね」というのでは、困るのです。相手に、自分のできることや得意なことに合わせてほしいと言っていたのでは、凹んでいる人を援助することはできません。そのため、現在のソーシャルワーカー養成においては、クライエントが人間関係に困難を抱えていても、制度に不備があっても、社会の偏見に苦しんでいても、それぞれに応じた方法をとることができるように教育が行われています。

創成期

ソーシャルワーカーの養成教育は、一八九八年の夏にニューヨークで始まりました。一八九八年七月二十日、場所の提供を含め、慈善組織協会（ＣＯＳ：Charity Organization Society）の肝いりで、ニューヨーク慈善学校（The New York School of Philanthropy）として、世界で最初のソーシャルワーカーの養成プログラムが提供されたのです。十一州、十四大学から二十七名がこの最初の六週間のコースに参加しました。受講は無料でした。受講料が徴収されるようになったのは、一九〇〇年になってからのことです。カリキュラムは、講義と施設訪問や実習とが組み合わされていました。

一九〇三年には、一年間の教育プログラムが提供されるようになり、一九一一年には学位の取れる二年間のコースに拡充され、名称もNew York School of Social Workに変わりました。それより前の一八九九年、慈善教育に関する委員会が設立され、リッチモンドもそのメンバーの一人として名を連ねました。当初はＣＯＳの理事会が学校運営を担っていましたが、カリキュラムが充実し、学校の規模も次第に大きくなっていったので、学校運営のための独立した委員会が作られ、一九三一年には、東二十二丁目一〇五にあったＣＯＳの建物から、同じ東二十二丁目一二二のラッセル・セイジ財団の建物に移ることになりました。

その後、一九三九年にＣＯＳは貧困者生活改善協会（Association for Improving the Condition of the Poor：一八四三年設立）と合併してコミュニティサービス協会

（Community Service Society）となりました。このような経過もあってか、New York School of Social Work は、翌一九四〇年にコロンビア大学の傘下に入り、修士課程としてソーシャルワーカー養成教育を提供するようになります。一九四一年には、運営理事会も学校側で持つようになりました。そして一九四九年、学校はアンドリュー・カーネギーの私邸であった東九十一丁目二の建物（カーネギー・マンション）に移ります。一九五〇年には完全にCOSから独立し、一九五九年には正式にコロンビア大学に組み込まれ、一九六三年にその名称も現在のCUSSW（Columbia University School of Social Work）となりました。

カーネギー・マンションは、カーネギー・コーポレーションとリース契約を結んで、無償で使わせてもらっていたようです。この建物は現在、デザイン・ミュージアム（Cooper Hewit Smithonian Design Museum）になっています。カーネギー・マンションで学んだ、戦後早い時期に New York School of Social Work に留学した諸先輩方から、その思い出話を伺ったことがあります。建物としての環境は、素晴らしかったことでしょう。学校は、私たちが学んだ西一一六丁目にある、コロンビア大学所有の McVicker Hall と呼ばれた建物に、一九六九年に移りました。かなり貧相な建物だったと言わざるを得ません。もちろん、建物と研究とは無関係で、その貧相な建物で誰もが知る著名な先生方が多くの業績を残されたことは、誇るべきことです。学校は今、アムステルダム街に新築された立派な建物に移っています。

きっといい人なのね

二〇一八年の二月、友人のＢｅｅと二人でツインタワーの跡地を訪れました。九・一一当日のことは、よく覚えています。ニューヨークとの時差は、夏時間で十三時間あります。ダウンタウンに住んでいた日本人の友人に、現地のお昼過ぎぐらいに電話をしてみました。しばらく話しているうちに「何か匂ってきたわ。窓を閉めなくちゃ」と彼女が言って、電話を切りました。おそらく、土埃の匂いだったのだろうと思います。

跡地の記念館の展示は、圧巻でした。ビルのてっぺんに立っていた巨大なテレビアンテナの残骸を見た時には、これが地面に落ちてきたとは……と言葉が出ませんでした。飛行機の中から乗客が家族にかけた電話のメッセージを、電話機を通して聞くことができるようになっていて、聴くと胸が詰まりました。「もし生きて帰れたら……帰れないと思うけど……愛してるよ」跡地そのものは水で満たされていて、美しいと思いました。一か所、お花が供えられていました。

九月十一日の夕方、人々はみなマンハッタンから徒歩で帰宅することになりました。沿道では、あちこちで炊き出しが行われたそうです。日本で大災害が起きると、日本人の冷静な行動が評判になります。それでも、神戸では避難者が通る道で自宅保管のミネラルウォーターに法外な値段をつけて売った人もいたと、ある女優さんがＮＨＫの番組で話していました。どこの国にもいろいろな価値観を持つ人がいて、気高い人もそうでない人もいます。いざという時に、人として恥じない行動ができるようになりたいものです。

アメリカは、階級社会であると同時に競争社会です。かなり前、日米の違いを取り上げた新聞記事に、日本に滞在するアメリカ人が「アメリカでは、朝目覚めるとハッと緊張したけれど、日本ではそれがない」と語ったと書かれていました。高校卒業後に私が通っていた大学では、英語と第二外国語が必修でした。英語の一年目は高校の続きのような英文和訳で、二年目は、英会話のクラスや文法のクラスなど、いくつかの選択肢が用意され、そのうちの一つを選ぶことになっていました。英会話のクラスを選択する学生が最も多く、私もその一人でした。私たちのクラスの先生は、アマースト大学からの交換留学生でした。交換留学生は九月で入れ替わるため、前期と後期で違うアメリカ人学生に習いました。彼らもまた学部学生だったはずで、外国語としての英語教授法を学んでいたわけではなかったと思います。でも、今思い出すと、そう下手な授業でもありませんでした。私が多少とも英語を臆せず話せるのは、前期を担当していた学生先生が、発音を直してくれたおかげです。アマースト大学は、有名なリベラルアーツカレッジで、トップ校の一つですから、彼らはとても優秀だったに違いありません。

前期の学生先生は、コネチカット州プロビデンスの出身で、お兄さんはベトナム戦争に従軍したそうです。その学生先生が、アメリカの医学生の行動について話してくれました。医学部（メディカルスクール）に進学した友達から聞いた話だということでした。授業の終わりに先生が文献を指示し、それを読んで次の授業にレポートを提出するという課題が出たそうです。授業が終わってその友人が図書館に直行し、指示された文献が載っている医学専門誌を手に取り、指示されたページを開けると、そのページが切り取られていました。後の学生は、図書館が欠落部分のコピーを他大学の図書館から取り寄せるまで待つしかありません。そこまでするか？　という話ですが、学生にそうさせる熾烈な競争社会が背景にあるのでしょう。ページを破って持ち帰った学生が優れたレポートを提出したかどうか……それはわかりません。クラスの担当教員は、おそらく状況を把握していたことでしょう。臨床医を目指すなら言うまでもなく、基礎医学の研究者になるにしても、そのような行動をとる人を誰が尊敬するでしょうか。

アメリカでソーシャルワークを学び始めた時、私はなんとなくこの話を下敷きにして、周りのクラスメイトとの距離を測っていました。でも、ソーシャルワーカーの養成校は良心の集まりでした。私のような言葉の不自由な留学生を、誰もが助けてくれました。科目によっては、ペーパー（レポート提出）ではなくクラス内試験のこともあります。ネイティブの「ノート力」にはかないません。アメリカ人の学生はみな、快く自分のノートをコピーさせてくれました。これを、国際関係を専攻している日本人学生に話すと、「ありえない」という反応でした。途上国援助などでは、弱い者への目も必要だと思います。それでも、ソーシャルワークの学生のようには行動しないのです。勉強と日常生活、仕事とプライベートは無関係なのでしょうか。おそらく、ソーシャルワーカーの世界が、アメリカ標準からはずれているのだろうと思います。授業が終わって一分後には教室が空になってしまうのは、日本でもアメリカでも同じです。それでも日本では、学生たちの小グループを、あちらこちらで目にすることができます。アメリカでは、授業が終わると見事に学生がパラっとばらけてどこかに消える、という感じでした。そのように単独で行動するクラスメイトたちが、私のような言葉の不自由な留学生をこれまた見事にサポートするのです。このサポート力は、日本で社会福祉士を志す学生たちにも共通して見られます。

アメリカで「どのようなお仕事をしていらっしゃるんですか」と聞かれてソーシャルワーカーだと答えると“You must be a nice person.”（きっといい人なのね）と返ってく

ると友人の一人が言っていました。ウォールストリートで株のディーラーをしています、と言って同じ反応が返ってくることは、おそらくないでしょう。

第二部　アメリカの市民力

第三章　アメリカ社会点描

ドライビング・Miss・デイジー

「ドライビング・Miss・デイジー」という映画があります。主人公のミス・デイジーとお抱え運転手ホークとの友情物語です。ソーシャルワーカーにとっては非常に面白い、勉強になる映画で、話は一九五三年頃から始まります。場所はアトランタ、息子ブーリーは紡績会社を営んでおり、母親とは別居です。彼は、祖父が創業した会社の三代目社長です。母であるデイジーは、家事全般をこなす黒人メイドと立派な家で暮らしています。映画は、七十歳代後半のデイジーが身なりを整え、外出する場面から始まります。車を車庫からバックで出そうとしてスピードが出過ぎたため、あわてて操作したところ更に加速して隣家の生垣に突っ込んでしまいます。運悪く車は廃車となり、母には運転は無理だと判断した息子は、新車を購入すると同時に、母に専属の運転手を雇います。

日本でもよく知られるようになった、高齢ドライバーの問題です。戦後の日本は、アメリカの背中をずっと追いかけてきました。日本とアメリカの「時間差」のおかげで、高齢社会の問題にからめて観賞することができます。この映画が作られたのは一九八九年で、当時のアメリカの高齢化率は十二・六％、高齢者が増えてたいへんだという感覚はなかったと思います。ちなみに、一九八九年に日本では介護サービスを充実させようとゴールドプランが発表されました。当時の日本の高齢化率は、二十％でした。

デイジーは、やってきた運転手ホークを拒絶します。そのことは息子ブーリーにとって想定内だったらしく、彼はホークを雇う際、「母が何と言おうと君を雇っているのは私だ」と言います。デイジーはホークをクビにできないし、頑固な母に負けるようでは仕事をしたことにならないということを伝えたわけです。

社会生活を送る上で、移動手段の確保は最重要課題ですから、デイジーの抵抗は敗北に終わらざるを得ません。美容院に行くためにタクシー会社に電話してもすぐには手配できず、「事前の予約が必要だなんて知らなかったわ！」と文句を言って電話を切ります。当然ながらタクシーは来ません。車を使えないデイジーは、歩くことにします。歩道を歩くデイジーに合わせて、のろのろ運転のホークの車が並走します。そんな様子を近所の人たちに見られては、あまりに世間体が悪いということで、仕方なくデイジーは車の後部座席に乗り込みます。

車があれば、行きたい時に行きたい所に行くことができます。その意味で自動車の運転は、自立を象徴するものです。デイジーは、「この車は息子のものだし、私の指示に従って運転すればよい。見かけはお前が運転しているけれど、実際には私が運転しているということだ」と強がります。それでも次第に、運転をホークに任せたところで、自身の自立と自律が損なわれることはないと考えるようになっていきます。

アメリカ社会のマイノリティ

息子のブーリーはできた人で、母親の性格をよく理解し、仲の悪い嫁と姑の間を取り持っています。アメリカの多数派の文化は、キリスト教にもとづくものです。大統領も就任式で、聖書に手を置いて宣誓します。ブーリーの妻は、盛大なクリスマス・パーティを催し、姑であるデイジーを忘れずに招待します。デイジーは「ユダヤ教徒にクリスマスは関係ない」と言いながら、息子の手前、しぶしぶ出かけていきます。このような場面を見ると、人生の機微はどこでも同じだということがわかります。

息子は母の気持ちを理解しているものの、アメリカ社会で会社を経営していこうとすれば、多数派文化にとけ込むことも必要です。彼は、多数派文化を積極的に取り入れる自身の妻に、母親のデイジーが「媚びている」として批判的であることを十分に承知していま す。妻は妻で、姑からユダヤ人としての価値観の保持を強制されることへの不満を、夫に表明します。ブーリーは、母親の心情を理解しつつも、アメリカ社会でうまくやっていくためには、妻の路線で行くしかないと、妻の貢献を評価しています。

デイジーは、裕福ではない家庭に生まれ、姉の助力を得て教師になりました。教えることは上手で、字が読めないことを隠していたホークに、読むことを教えます。このことは、ホークにとってデイジーからの大きな贈り物でした。

彼女は、「私は人に偏見を持ったことはない」と言います。そうではないことは、誰にもすぐにわかります。彼女やブーリーが、当時にしては人種的偏見の少ない進歩的な考えの持ち主であることは確かです。それは、彼ら一家がユダヤ人であること、経済的には成功してもアメリカ社会のメインストリームからは外れていることとも関係しているのでしょう。遠くの親戚を訪ねるために車で出かけたデイジーとホークに対する白人警官の言動が、人種、民族、ジェンダー、年齢などによる偏見と差別を描き出しています。キング牧師の夕食会に、事業への影響を心配して欠席すると決めたブーリーが、代わりにホークを誘うことを提案します。でもデイジーは、その提案を一蹴します。黒人で教育も受けていないホークと、キング牧師の活動に共鳴する「進歩的」な自分とは違う種類の人間だと、デイジーはどこかで思っているのです。彼女はそのことを明確には自覚していませんでしたが、ホークがそのことを指摘します。夕食会には、結局デイジー一人が出席しました。彼女の横の席は、空席のままです。その空席を眺めながら、デイジーは苦い思いをかみしめました。

息子ブーリーの会社が紡績会社であるという設定も、見過ごすことができません。ホークが面接を受けるために、初めて工場にやってきた時、工場の荷物用の大きなエレベーターが止まってしまうというシーンがあります。そのエレベーターの天井や柵状の扉に、綿埃が塊になってぶら下がっています。繊維産業は、ソーシャルワークの歴史上、無視できない産業です。マンハッタンのダウンタウンに、ガーメントディストリクトと呼ばれる地区があります。その昔、繊維関係の工場が多かった地区です。ニューヨークは移民の最初の上陸地です。移民は、仕事を選んでなどいられません。祖国で社会的地位の高い仕事をしていても、その仕事にはつけないことがほとんどで、慣れない仕事をせざるを得ません。女性たちも働かなければ、食べていけません。繊維産業が栄えた時代、製糸や縫製の工場は人手不足で、求人はたくさんありました。保育所など見つかりませんし、子守を雇える身分ではもちろんありませんから、女性たちは子どもを連れて工場に行きました。工場側もそれを認めざるを得ませんでした。赤ん坊は、バスケットに寝かされてミシンの下で過ごしました。子どもに目が届くことは良いことですが、工場の作業環境に今のような基準や規制はなく、工場内には常に綿埃が舞っていました。やがて、健康を損ねる者が出るようになりました。日本のアスベスト被害と、構造は同じです。この問題の解決は、ソーシャルワーカーにとって大きなチャレンジとなりました。ブーリーの会社も、映画の後半では、明るく清潔で、空調に配慮した近代的な工場として描かれています。生産設備もすっかり機械化されて、大勢いた従業員の姿が見られないことも、時代の変化を映し出しています。「ドライビング・Miss・デイジー」は、ソーシャルワーカーにとって本当に見どころの多い映画です。

移民受入国アメリカ

マンハッタンの開拓は、南の端から始まったそうです。最初に住み着いたのはオランダ人で、自分たちの生活エリアを守るために、北側に塀（壁）を作りました。その塀があった場所が現在のウォール（壁）街です。その後、次第に居住区域が北へ広がっていき、独立戦争の頃はワシントンハイツと呼ばれる島の北部に砦が築かれました。

かつて到着した移民は、マンハッタンの南、自由の女神が建つリバティ島の近くのエリス島に、検疫のため留め置かれました。今では移民たちの上陸地も空港に移り、島の設備は博物館として公開されています。今も、ニューヨーク以上にさまざまな人種を目にする街はないと思います。私たち日本人は、アメリカに行くとアフリカ系の人がたくさんいるように思ってしまいますが、アフリカから人が連れてこられなくなってから久しく、アフリカ系の人たちはまぎれもなくマイノリティなのです。また時代は移り、アメリカの人種構成は、白人が大多数を占める状況ではなくなってきています。

ニューヨークは、ジュー（Jew: ユダヤ人）ヨークと呼ばれることがあります。「マラソンマン」というダスティン・ホフマン主演の映画の後半、ダイヤモンド・ディストリクトと呼ばれる通りが登場します。マンハッタンの四十七丁目、五番街と六番街の間の宝石店が並ぶ通りです。ユダヤ人がダイヤモンド市場で大きな役割を果たしていることは、よく知られています。ダイヤモンド街に行くと、ユダヤの伝統的な服装とヘアスタイルの男性たちを見ることもできます。ＣＵＳＳＷにも、ユダヤ人はたくさんいました。オーソドックスと呼ばれる敬虔なユダヤ教徒である男子学生は、ジーンズにＴシャツ姿でも、お椀の形をした小さな帽子キッパを頭にのせています。

ユダヤ人以外にも、私が学生だった頃は、グランドセントラル駅の地下にアーミッシュの出店があって、素朴なパンやジャムなどの保存食を売っていたので、時々買ったものです。アーミッシュは、ハリソン・フォード主演の映画「刑事ジョン・ブック（原題はWitness: 目撃者）」のなかで、その生活がよく描かれています。キリスト教の一派に属するドイツ系移民で、風車や水車に頼る自給生活をしており、保存料などは使いません。

街中の商店は、ヒスパニックやインド系の店員さんがいなければ、営業できないでしょう。タクシーの運転手さんの肌は、本当に色とりどりです。ニューヨークで地下鉄を利用して、乗り込んだ車両に白人が一人もいないということはあります。でも、白人しか乗っていない車両に出くわすことは、ほとんどありません。まさに人種のるつぼです。

ニューヨークのチャイナタウンは、マンハッタンの南の端に近いところにあります。リトルイタリーと呼ばれるイタリア系の居住地区と境を接していますが、チャイナタウンの側が拡大しつつあると言われています。移民たちは、一定の生活基盤を築いたりお金がたまったりすると、他の土地に移って行きます。イタリア系移民が抜けた後を、中国系が埋めているということなのでしょう。この地区の様子は、映画の「ゴッドファーザー」や「イヤー・オブ・ザ・ドラゴン」などに描かれています。

日本からの移民は、その数が少ないこともあって、日系人が集団として認識されることはありません。日系人が集団として認識されたのは、先の大戦下の強制収容時と、五十年後の政府による謝罪と賠償金の支払い時の二回ぐらいではないでしょうか。日系人は、集団を形成しようとせず、さまざまな国にルーツを持つヨーロッパ系の人々と同じように、アメリカ人としてそれぞれの地域に溶け込むという道を選んだように思います。ですから、日本人の苗字を名乗っていても、彼らは日本語の読み書きはもちろん、話すこともできません。それでも、私が日本人だとわかると、自分は「日系四世だ」と自己紹介してくれる学生に出会うことがありました。そんな時は、自身のルーツが誰にとっても重要なアイデンティティの一つであることを実感します。

ＣＵＳＳＷの一年先輩の日本人女性が、ワシントンハイツ（マンハッタン北部の住宅地）に住む内間さんという画家のご夫婦を定期的に訪ねていました。卒業する彼女から、後を引き継いでくれないかと頼まれました。友愛訪問（フレンドリー・ビジット）で、日本語でのおしゃべりを楽しむ時間を持つということが主な目的でした。重い荷物を運ぶのはお二人にとってたいへんなことなので、買い物リストを持ってスーパーに行くことも、毎回の決まり事でした。お宅では日本語が使われていて、息子さんは日米のバイリンガルです。ご主人は、カリフォルニアで日系二世として生まれ、戦前に早稲田に留学し、戦後日本人女性と結婚して一九五〇年代の終わりか六〇年代に入ってからアメリカに戻られました。日本人である奥さんとのコミュニケーションをきちんと取るためにも、家の中では日本語を使うことにされたのでしょう。一方、フルブライト留学を機にアメリカに永住を決めた別の日本人家族の場合は、日常生活でも英語を使い、子どもたちは日本語を話せませんでした。子どもたちが、なるべく早くアメリカ社会に馴染めるようにという親心だったのだと思います。大戦時に強制収容を経験した日系の人々もまた、アメリカ社会に同化することを優先し、子どもたちが日本語を学ぶことに重きを置かなかったのでしょう。何代か前に日本から来たということを明確に認識していて、そのことはアイデンティティの形成に欠かせないけれども、それ以上の日本への思い入れはないのだと思います。

日系と好対照をなすコミュニティもあります。ＣＵＳＳＷの一年先輩で、実習先で親しくなった台湾人のＢｅｅは、同じ台湾出身の男性と結婚し、子どもができた後、カリフォルニアに移りました。サンフランシスコで開かれた学会に出席した折、彼女の家に泊めてもらいました。その日はたまたま、夕方から中国語教室が開かれる日で、私も一緒に行くことになりました。高校の校舎を学校ごと借り上げ、子どもたちをレベルごとにクラス分けして、中国語と漢字を教えるのです。彼らの、「文化を引き継いでいく」という心意気のようなものを感じました。

韓国系やイタリア系にも、ルーツを共有しているという感覚があります。また、どこからアメリカに渡ってきても、ユダヤ人にはユダヤ人としての自覚があると思います。アメリカの歴史は二五〇年ほどですが、どのようにアメリカに定着したのか、その違いが民族コミュニティの形成に反映されているようです。南米からの移住者も、一九五〇年代のキューバ革命の時にアメリカに逃れて来た富裕層のキューバ人をオールドカマーとすると、彼らは、ニューカマーとしてのヒスパニックの人たちと同類視されることを好まないという話を聞いたことがあります。

アメリカは今も変わらず、移民の受入国です。世界中で何かが起こると、人々はアメリカを目指します。韓国、台湾、中国、ヨーロッパ、いろいろな国にルーツを持つ人の話を聞いていると、自由がいつ脅かされるかもしれないというリスクを常に意識しているように感じました。その人がアメリカに定着することは、一族郎党にとっての保険のようなものなのではないでしょうか。そのような不安を、私たち日本人は感じることがありません。これはとても幸せなことです。

寮の管理人

私は大学直営の寮に住んでいました。大学直営の場合は、建物自体を大学が管理する必要があり、管理人も置かなければなりませんから、手間暇も費用もかかります。そのためでしょう、私が住んでいた寮は、既に寮ではなくなっています。

寮には二つのタイプがあって、複数の個室を一つのユニットとし、キッチンと浴室を共有するタイプのもの、もう一つが、私が住んでいた寮のように、各部屋にキッチン、シャワー、トイレが備わっているステューディオと呼ばれる個室タイプのものです。私に割り当てられた寮は、ブロードウェイをはさんで学校と同じ通りにあり、通学至便でした。個室ですから、卒業式に両親がやってきた時も、部屋で雑魚寝しました。

実は最初、学校からかなり距離のある留学生向けの施設を申し込んでいました。ところが実際に見に行ってみると、あまり居住環境が良いとは思えませんでした。母に電話でそのことを話すと、「担当者に日本からのお土産だと言って、何か渡しなさい」と言うのです。日本を出る時、誰かにお世話になった際に差し上げられるような品物をいくつか持参していました。アメリカ人にそんな手が通用するのだろうかと思いつつ、言われたとおりにやってみると、満面の笑みで「ありがとう」と言ってくれました。私がステューディオに入居できたことに、このお土産が役立ったのかどうか定かではありませんが、二年間を快適に過ごすことができたのはありがたいことでした。

ステューディオの場合、入り口付近は無人です。ユニットタイプの寮の場合は、一階に受付のようなものが置かれていました。おそらく、ユニットタイプの方が、一つの建物に住む学生の数が多く、設備の維持管理や学生ニーズに対応するために、スタッフを配置する必要があるのだと思います。ユニットタイプの寮に住む友人を訪ねる場合、一階の受付で友人の名前と関係（怪しい者ではないこと）を伝え、通してもらっていました。ユニット内では、キッチンやシャワーを共有しますから、自然と学生同士の「ご近所づきあい」や仲間意識も生まれます。あちこちから聞こえてくるおしゃべりや笑い声、物音などから、学生生活が活き活きと進行していることが、確かに感じられました。一人の空間を優先したい人には向きませんが、その場から得られる経験は、貴重なものだと思います。

私がいた寮の玄関は無人で、入口の脇に各部屋のボタンが並んでいて、来訪者があると、部屋から玄関ドアを解錠することができるようになっていました。ただ、たまたま外出する住人がいると、ドアが閉まる前に中に入ってしまうことも可能です。入り口の出入りを厳しく管理しているアパートでは、外出する住人が、一階の建物玄関が完全に閉まることを確認して、カギを持っていない来訪者を入れないようにしていました。その場合は、十階に住んでいても、部屋を出てエレベーターで一階まで降りて、来客を迎えに行かなければなりません。これは、非常に面倒くさいことです。玄関にドアマンを置いているアパートは、たくさんあります。また、だいたいどこのアパートにも、スーパー（superintendent）と呼ばれる管理人がいます。彼らが、家族でアパート内の一室に住んでいることもめずらしくありません。

入学した当時、寮のスーパーは背の高い黒人男性で、地下に家族と住んでいました。建物の一階は、広いホールになっていて、各部屋の郵便箱が壁面に設置されていました。彼は不愛想で、私が自分用の郵便箱の鍵穴にカギが入らないことを伝えると、状況を確かめ、まるで「こんな不良品！」とでも言うように、そのカギを床にたたきつけました。カギは床で跳ね返ってホールの隅っこの方に飛んでいきました。私はその感情のエネルギーに一瞬たじろいでしまいました。彼が黒人独特の発音で「後で替えておく」と言ったので、「お願いします」と返して、六階の自分の部屋に上がりました。ちゃんとしたカギと交換してくれるのだろうかと不安でした。二年近くもそこで暮らすのですから、郵便箱にカギがかからないのは困ります。それに、床に投げつけたカギは、結局彼自身が拾わないといけないのになあとも思いました。その後音沙汰がなく、数日経って掃除をしている彼にたずねてみると、部屋からカギを取ってきてくれました。アパートの管理人は、ちょっとした修繕もこなします。そのカギも、おそらく彼が鍵穴に合わせて調整したのだと思います。日本なら「できましたよ」と部屋に届けてくれたり、顔を合わせた時に「できてるよ」と言ってくれたりするのではないでしょうか。でも、それがありませんでした。この顛末を管理人一般にあてはめることはできません。愛想の良いスーパーは、いくらもいます。ただ、サービスは降ってはこないこと、必要なことや要求は、こちらからきちんと伝えないと「待っていては日が暮れる」ということを学びました。

彼は、健康上の問題を抱えていたのかもしれません。愛想のなさに加え、何かに対する怒りや苛立ちのようなものを常に漂わせていました。気の毒なことに、私が入居して数か月後に亡くなりました。それを知らせる紙が、郵便箱に入っていました。寮に住んでいる誰かが全員に知らせたのでしょう。そこには、彼が死んだこと、突然のことなので奥さんとお子さんが気の毒であること、お悔やみを伝えに地下の部屋を訪ねたり、できれば「お香典（に相当するもの）」を届けたりしてほしいということが書かれていました。私はこの時初めて、彼に家族がいたことを知りました。少しばかりのお金を封筒に入れて、地下の管理人室を訪ねました。あいにく留守だったので、ドアの下からメモを添えて封筒をすべり込ませておきました。寮には、数年住んでいる学生もいたはずです。そのなかに、多少とも一家と親しい付き合いのある学生がいたことを知って、嬉しく思いました。彼の後任は、来ませんでした。しばらくすると大学からのお知らせが入っていて、周辺の複数の建物をまとめて管理することにしたこと、何かあれば、専用の電話番号にかけてほしいこと、そうすればすぐに駆け付けるということが書かれていました。

コーラか水か

ニューヨークでアパート住まいをしていて最も不自由なのは、水道の水が飲めないことです。ニューヨークの水道の水質は、悪くないと聞いています。飲めないのは、建物の水道管が古いからです。水道管から鉛が溶け出すので「飲まないように」というお達しが、当局から出されています。ですから滞在中は、食材だけでなく、水も買ってこないといけないので、買い物がたいへんでした。水とコーラでは、水の方が高いのです。そのため、水ではなく炭酸飲料を飲む人もあり、結果として体重が増えて健康に悪い影響を及ぼすことになります。日本に住んでいると、水道水をそのまま飲めることの意味について考えることなど、ほとんどありません。地震などで断水したりすると、水道のありがたさが身に沁みますが、水道の水が飲めることは、国民の長寿や医療費の削減にもつながっています。

第四章　ユナイテッドウェイ――寄付の文化

アメリカの共同募金会

最初の年の実習先は、ユナイテッドウェイ（United Way）でした。いったいどんな実習先なのだろう、航空会社みたいな名前ではないか、などと思いながら、ちょうど学校での授業も始まりましたので、帰りにアメリカ人の学生に「実習先がユナイテッドウェイというところに決まったのだけれど、どんなエージェンシーか知ってる？」と聞いてみました。すると、「もちろん知ってるよ。すごく大きなところだよ」と言うので、「アメリカ人ならだれでも知っているってこと？」とたずねると、「そうだよ。きっといい実習ができるよ」と答えてくれました。ユナイテッドウェイが「何」なのかがわかっていなかった私は、「ソーシャルワークの現場」を自分なりにイメージして初日に臨みました。

実習初日、指定されたパーク街の事務所に向かいました。エレベーターで二階に上がると、どこかの会社のオフィスとしか思えないような所で、受付で名乗ると、黒人女性が迎えに出てきて、実習指導者（スーパーバイザー）がいるコーナーへと案内してくれました。案内の女性は、実習指導者専属のアシスタントでした。彼女は「二年生のＢｅｅｌａｎが来ているから紹介するわ」と言ったのですが、名前がよく聞き取れませんでした。受付付近だけでなく、オフィス内も、福祉サービス事業所という感じは全くありませんでした。アメリカの映画やテレビドラマに出てくるような「オフィス」で、パーテーションで仕切られた二メーター四方ぐらいのスペースが窓際にずらっと並んでいて、実習指導者のブースは少し奥まったところにありました。窓沿いのブースの一つが実習生用に割り当てられ、そこにいたのが、今も親しい付き合いのあるＢｅｅ（碧蘭）でした。彼女を見て、名前が聞き取れなかったことに納得しました。彼女は台湾からの留学生で、メアリーとかジェーンとかいう名前ではなかったからです。

オフィスは広く、かなりの数の職員が働いていました。日本の共同募金会は、ユナイテッドウェイの日本支部ということになっています。私は、日本の共同募金会の本部を見たことがありません。ユナイテッドウェイは、私が思い浮かべる「赤い羽根共同募金」のイメージとは全く違っていました。もちろん「共同募金会」つまり、募金を集める団体であることには違いありません。ただ壁に「今月は年に一度のキャンペーン月間です」とか「目標達成目指して頑張ろう」といったスローガンがデカデカと掲げてあったり、スタッフのブースに宣伝用だと思われるユナイテッドウェイのロゴ入り風船がフワリフワリ揺れていたりしていたのです。

キャンペーンとは、目標達成とは何なのか。これが、ユナイテッドウェイの主たる事業なのです。職員はみな、営業スタッフです。保険会社のイメージをあてはめると、理解しやすいと思います。違うのは、日本では保険のセールスレディが個人で会社の昼休みなどに営業に回っていたりするのに対して、アメリカでは、会社や事務所がユナイテッドウェイが組織として社内で活動することを認めているというところです。昼休みではなく、仕事時間中に場所と時間をユナイテッドウェイに提供してくれる会社や事務所も、めずらしくありません。

営業スタッフはいくつかのグループに分かれていて、朝、オフィスに出勤すると、パンフレット、風船、キャンディなどのキャンペーングッズを取り揃えて、グループごとにその日の営業先に出かけて行きます。到着すると、ユナイテッドウェイのコーナーを設置し、そこで働く人々にパンフレットとキャンディや風船を配って、説明会のあることを知らせてまわります。時間になると、三々五々集まって来た人たちに対して、ユナイテッドウェイの「天引き寄付」について説明します。「天引き寄付」と言われても、多くの方は、ピンとこないのではないでしょうか。営業スタッフは、訪問先でおそらく、次のように言っているのだろうと思います。「いつもユナイテッドウェイの事業にご理解とご協力をいただき、ありがとうございます。今年もまた、キャンペーンの季節がやってまいりました。金額の設定は自由です。月十ドルでもかまいません。手続は簡単です。まだユナイテッドウェイの天引き寄付にお申込みいただいていない方は、ぜひこの機会に。すでにご加入いただいている方は、増額をお願いできないでしょうか。どうぞよろしくお願い申し上げます。寄付していただいた額は、もちろん所得税控除の対象となります。」

日本で寄付と言うと、まず思い浮かぶのがふるさと納税です。この制度が始まる以前に比べると、寄付という行為が身近になったことは確かです。ふるさと納税以外にも、テレビやネットを通して寄付を訴える団体が増え、人々がそれぞれの関心事に寄付をすることがめずらしくなくなってきています。ただ、ふるさと納税に返礼品がなければどうでしょうか。ユナイテッドウェイへの寄付は、社会サービス事業のための寄付です。この寄付に対する返礼品に相当するもの、つまりメリットは何なのでしょうか。それは、「ユナイテッドウェイに天引き寄付していますと言える」ということです。

寄付の文化

日曜の昼下がり、ピンポーンとチャイムが鳴ることがあります。インターホン越しでも、声を聞けば友人かどうかはわかりますから、知り合いでなければ、今忙しいからと断ってしまいます。でも、たまたま外出する住人がいたりすると、ドアが閉まる前に建物内に入って、部屋までやって来てしまいます。休日にやって来る見知らぬ来訪者はたいてい、寄付集めの人たちです。始めは事情がわからなかったので、部屋のドアを開けてしまいました。しばらくすると、同じ階の他の住人たちがみな「居留守」を使っていることがわかるようになりました。

相手は、キリスト教会関連の団体であることがほとんどでした。「お願いの口上」はどこも同じで、何か「良いこと」をしているのでそれに寄付をお願いしたいというものです。アメリカ人なら、こういう人がしょっちゅうやって来ることに慣れているのでしょう。こちらはそうではないので、初めての時は「少額なら」と思って「寄付っておいくらぐらいなんですか」と聞いてしまいました。すると、十ドルを要求されました。赤い羽根募金の箱に千円札を入れる人がどれぐらいいるのか知りませんが、今でも千円は、私にとって募金箱に入れる額としては相当に「多額」です。「えーっ?」という思いで、「んー、五ドルぐらいなら」と言うと、五ドル受け取って帰って行きました。

その時の相手から、「感謝」はほとんど感じられませんでした。「あなたはこれで、天国に一歩近づいたんですよ」ということでしょうか。後に、求める側は、いくらかでも寄付をしてくれたら儲けものという感覚だということがわかるようになりました。この五ドルは、高い授業料でした。休日の午後を邪魔されて、相手の説明を長々と聞いたところで、その団体が信用できるかどうかを判断することは難しい、となればお断りするしかありません。でも、ひょっとしたらとっても良いことをしているのかも、と良心がちょっとだけ痛んだりします。

　ユナイテッドウェイの天引き寄付は、休日の寄付依頼者を、良心の呵責を覚えずに追い返すことができる有難いシステムです。誰もが、特定の寄付対象を持っているわけではありません。寄付依頼者が家を訪ねてきても、「ユナイテッドウェイに天引き寄付していますので」と言えば、相手は引き下がらざるを得ません。ユダヤ教徒やキリスト教徒のあいだには、十分の一税の考え方が根付いていて、寄付をすることへの義務感のようなものを多くの人が持っているようです。けれどもそれは十分の一、すなわちその人の生活を脅かさない程度ということですから、寄付を求める側も、相手に身の丈以上の貢献を求めることはしません。ユナイテッドウェイに天引き寄付をしているということは、その人が十分の一税に相当すると考える額を毎月社会に対して寄付していることの証となります。

寄付金の行方

赤い羽根共同募金を知らないという人は、おそらくないでしょう。子どもの頃、学校で年に一度、教室で赤い羽根が配られました。今もそのようなことが行われているのかどうかは、知りません。当時は、同時に募金箱が教室内に設置され、生徒は十円玉を入れていました。クラスには、生活保護受給家庭の子もいました。その子がどうしていたのか、記憶にありません。誰某は募金箱にお金を入れていない、と監視するような子はいませんでした。

子どもの頃はもちろん、大人になってからも、寄付をすればそのお金は何か良いことに使われるはず、ぐらいの気持ちでした。私はボーっと生きていたと思います。友人のなかにはボーっと生きていない人も、もちろんいました。同調圧力がかかりやすい社会で、「赤い羽根募金はしない」と言うことには勇気が要ります。それでも彼女は、「しない」と明言していました。その理由は、「募金箱の硬貨を数えるために自治会の役員などが駆り出され、その人たちに交通費など何某かの必要経費が支給されるとすれば、募金箱に入っていたぐらいの額は、そこで消えてしまうから」というものでした。募金箱の中身を数えるのに、どれだけの経費がかかっているのか、残念ながら知りません。ただ、たとえば大企業などから高額が寄付される場合は、おそらく寄付の申し出額が直接共同募金会に振込まれるでしょうから「勘定する」必要がなく、そうであれば、そのための費用（管理経費）がかかりません。故に少額を寄付することには意味がない、という彼女の主張には、納得できる部分と、少し行き過ぎの部分とがあると思います。

まず、どんなに良いことであっても、それをするためには経費がかかります。募金箱を開けて、中に入っているお金をきちんと数えて寄付金収入として計上することは、絶対に必要です。また、常勤職員がいないと、きちんとした運営ができません。ごく小さな組織は別かもしれませんが、単発の活動ならともかく、事務所やそこで管理運営事務を担う人がいなければ、事業の継続性を確保することはできません。パソコン、コピー機、机や椅子、書類棚、応接セット、電話機、事務用品などを整え、事務所の賃借料や光熱水費も払わなければなりません。ただ、少額寄付が無意味ということには決してなりません。要するに、管理経費をいかに抑えるか、抑えることができているかという話です。友人の関心も、そこにあったはずです。

ユナイテッドウェイには、全米に支部があります。どの支部も毎年の事業報告で、「あなたが寄付してくださった一ドルのうち〇〇セントがコミュニティを良くするための実際の事業に使われました」という情報を提供しています。ユナイテッドウェイの支出の内訳は、八十五%が実際の社会事業、七%が寄付集めのための事業、八%が管理経費となっています。このような情報に、寄付者は関心を寄せなければならないと思います。寄付者は、他の何かに使うお金を、寄付に振り替えているのです。にもかかわらず、その貴重なお金がどのように扱われているのかということに、日本人は、あまりに無関心なのではないでしょうか。ユナイテッドウェイの立派なオフィスの家賃、維持費、そこで働く人たちの給与も、全体のわずか八%に含まれているということは、日本人である私たちの想像を超える莫大な額の寄付が集まるということに他なりません。ユナイテッドウェイはまた、お金だけでなく、モノでの寄付も受け付けています。たとえば、毎年何千台というおそらく型落ちのPCが寄付されます。アメリカで何かの社会サービス事業を始める場合、税制優遇措置を受けられる民間非営利団体（private non-profit organization）としての条件を整え、ユナイテッドウェイから「条件を満たした事業所」として認められれば、必要な台数を申請するだけで、新しいPCが無償で送られてきます。

ただし、悪意の寄付者がいないわけではありません。ユナイテッドウェイでの、私とBeeの実習指導者は、モノの寄付（Gifts-in-Kind）の担当でした。ハーレムの一角に大きな倉庫があり、そこに寄付されたモノが保管されていました。倉庫は三階建てぐらいの高さの広い空間で、衣料品、机や椅子、キャビネットなどの事務所用家具が積み上げられていました。一度、衣料品の大量寄付がありました。寄付の申し出があれば、定められた手続きをして、倉庫への搬入日時が設定されます。何百という段ボール箱が運び込まれました。大量ですから、細かいチェックはできなかったのでしょう。寄付者を信頼して、寄付を受け付けたのだと思います。ところが、セーターはすべて不良品でした。おそらく製造途中で、編み機が故障したのでしょう。あちこちで編み目が飛んで穴が開いていたのです。一日中、箱を開けては中のセーターを一枚一枚チェックするという作業をしましたが、着用できるセーターは見つかりませんでした。寄付者は、大量の不用品をユナイテッドウェイに持ち込むことで、廃棄費用を節約することができたわけです。このケースはかなり悪質なので、その後訴訟が提起されたかもしれません。それにしても、とりあえずの廃棄費用はユナイテッドウェイが負担することになります。このような悪意の寄付を見抜けなかったことは、私たちの実習指導者の評価を下げることになったはずです。そのような厳しさも、ユナイテッドウェイでの実習を通して感じました。

日本の福祉関連事業者や寄付関連事業者も、毎年必ず、決算報告を行います。自分が寄付した団体がどのようなお金の使い方をしているのかは、調べればすぐにわかるはずです。

ただ日本には、アメリカのような寄付文化は根付いていません。アメリカでは、事業を継続するための「寄付集め」は必須です。そのことが、「一ドルのうち何セントが直接事業に使われるのか」という情報を事業者側から積極的に発信して「寄付者のお金をどれほど大切に扱っているか」をアピールする動機となり、実際にムダ使いをしていないという実績を、寄付集めの助けにしているのです。

アメリカ方式

日本でも、さまざまな市民活動が行われています。今はインターネットを通して資金を集めることも以前より容易にできるようになりました。しかし、そのような資金集めは安定性に欠けるため、事業を継続するための方法として有効ではありません。アメリカでは、市民の自発的な取り組みを継続的なサービスとして確立するための仕組みがあって、その結果、多様なサービスが作り出されます。この仕組みを支える大きな柱の一つが、ユナイテッドウェイへの寄付とその分配です。

私が、子どもを虐待してしまう母親の支援を行う事業所を立ち上げたとします。公共性や非営利性などについて一定の条件を満たしていれば、民間非営利団体として認定され、税法上の優遇措置を受けることができます。そして、ユナイテッドウェイからの補助金を得るために、メンバー組織として登録します。登録された事業所には、事業の規模に応じて毎年一定額が交付されます。ユナイテッドウェイの予算は大きく二つに分かれていて、一つがこのような基本給付、もう一つが競争資金で、メンバーである事業所が事業計画書を提出し、審査により給付が決定されます。ユナイテッドウェイの基本給付は、民間非営利団体にとって事業の継続性・安定性を保つための重要な資金となっています。また、社会にとってより重要な取り組みを新規事業としてアピールできれば、競争資金を得て事業を充実・拡大させることができます。

日本では、介護保険事業や障害者支援事業といった公的な事業を、民間の社会福祉法人やNPO法人、株式会社などが実施しています。法律等に定められた基準に従って事業を提供することで、報酬が事業所に支払われます。この報酬で、職員の賃金も、利用者へのサービスに必要な諸経費も賄われます。サービスの質や給与水準は、事業者の「やりくり」にかかっています。多くの収入を得るためには、サービスの提供量、すなわち利用者を増やすしかありません。しかしながら、むやみに増やすことはサービスの質の低下を招くことから、どのような事業でも、スタッフの人数に対応した定員が決められています。

アメリカで事業を運営する場合、やりくりの腕に加えて、寄付集めの腕が求められます。

ユナイテッドウェイから一定の資金が安定的に提供されるとはいえ、社会サービス事業は、良いサービスをしたからといって利用者から多額の利用料を取れるわけではありません。より良いサービスを提供し、職員の働きに給与で報いるためには、ユナイテッドウェイからの基本給付とは別に、資金を募ることが必須です。管理を担う人々には、寄付を「取ってくる」能力、すなわち、社会から賛同を得るためのスキルが求められるのです。

よって、理事に求められる役割も大きくなります。民間非営利団体の運営責任は理事会によって担われます。アメリカでは理事への就任にあたり、組織に相当額の寄付をできることが条件になっていることもめずらしくありません。理事は、どこかから寄付を取ってくることができなければ、私財をその事業に喜んで投じることのできる人ということになります。このようなお金持ちの理事がいない事業所も、たくさんあります。その場合は、バザーを行ったりしますが、事業に必要な資金を得るためには、競争資金の獲得を目指さざるを得ないでしょう。

日本とアメリカの、福祉サービスの作られ方の違いをまとめると、次のようになります。日本の福祉サービスは、公的なものとして法律等に従って行政や民間組織（社会福祉法人、ＮＰＯ法人、株式会社など）によって提供され、必要な資金は定められた基準を満たすことで報酬として事業者に支払われます。サービスメニューは日本中どこに住んでいてもほぼ同じで、未整備のサービスを必要とする人への対応は難しくなります。これに対してアメリカの福祉サービスは、連邦から地方に至る政府によって提供される限られたサービス以外は、民間非営利団体（日本のＮＰＯ法人にあたるもの）によって「構築」され、資金は主に人々の寄付によって賄われます。それらのサービスを行政が委託というかたちで活用することもあります。サービスは多様（てんでんばらばら、色とりどり）で、何かのサービスを必要とする人々が一定数出現すれば、その人たちのための新たなサービスを誰かが作り出します。ソーシャルワークを学ぶ学生たちはみな、多かれ少なかれこの「誰か」になろうという意欲に燃えています。ただ、とりどりのサービスが誕生することになるので、自分に必要なサービスはどれなのか、どこにあるのか、専門家以外のフツーの人が探し出すことは容易ではありません。ここで使われるのが、ニーズとサービスを結びつけるケースマネジメント（ケアマネジメント）という方法です。

プロのボランティア

『あしながおじさん（Daddy Long Legs）』というお話をご存知の方は、たくさんいらっしゃると思います。冒頭部分で、児童養護施設（孤児院）の理事（評議員）の一人ジャービスが、車で帰って行きます。彼は主人公ジュディの文才を認め、彼女が大学に進学できるよう、個人的な奨学金を出すことを申し出ました。大学の授業料は、ジャービス（あるいは彼の関与するどこかの組織）から直接納付され、寮費や小遣いを含め、裕福な同級生と対等の付き合いができるだけの額の小切手が、匿名でジュディに送られます。返済の必要はなく、支援者である理事が誰であるかをジュディには知らせないこと、ジュディからその理事に、定期的に勉学の成果を知らせる手紙を書くことが条件でした。進学先の女子大学には理事の縁者も在籍していて、後にジャービスは、縁者の女子学生を訪ねるという名目で大学を訪れ、自分が「あしながおじさん」であることは告げず、ジュディと親しくなります。続編では、結婚したジュディとジャービスが、児童養護施設の改革に取り組みます。結婚後のジュディの生活は、裕福なアメリカ人女性の一つのモデルです。

私の二年目の実習先は、次章で紹介するＡＡＲＰ（全米退職者協会）という組織のニューヨーク事務所の中にある、国連を活動の場とする部署でした。国連の経済社会理事会は、さまざまな分野の民間団体（国連ＮＧＯ）と連携していて、当時ＡＡＲＰは、そのうちの高齢者関連の民間組織によって構成される委員会 The NGO Committee on Aging（高齢者ＮＧＯ委員会）の中心的存在でした。メンバー団体の多くが小さな組織で、ＡＡＲＰだけが、事務所を構えて国連担当の専従職員を置いていたからです。メンバー団体の規模の大小はともかく、高齢者ＮＧＯ委員会で活動するメンバーの多くが、生涯を福祉関連の非営利団体の理事として過ごしてきた裕福な高齢女性でした。ＡＡＲＰでの実習指導者ジーンは、福祉関連団体の理事、すなわち高額寄付者として名誉職をずっと努めてきた彼女たちを「プロのボランティア」と呼んでいました。続あしながおじさんは、このプロのボランティアとしてのジュディの活躍を描いています。

第五章　AARP（全米退職者協会）――最強のロビー

エイジズムという造語

高齢者に対する偏見を指す、エイジズム（ageism）という言葉があります。セクシズムは性差別主義、レイシズムは人種差別主義です。エイブルイムズという言葉もあります。これは身体障害者に対する偏見で、五体満足であることが完璧・完全で、障害者は不完全で能力に欠けるという考え方です。

エイジズムは、老年学の父、ロバート・バトラーによる造語です。『ジェロントロジスト（Gerontologist）』というアメリカ老年学会が出している雑誌に一九六九年、Age-Ism: Another Form of Biology と題する彼の論文が掲載されました。彼はまた、Why Survive?: Being Old in America（邦題『老後はなぜ悲劇なのか』）で、アメリカ社会における高齢者のかつての処遇について、詳しく紹介しています。私たちは、さまざまな現象を、言葉によって考えたり理解したりします。彼がエイジズムと名付けたことで、高齢者に対する偏見や差別の存在を、アメリカ社会は認識しました。その意義は、この本がピューリッツアー賞を受賞したことに端的に現れています。

退職教員の処遇改善

アメリカの学校の先生（教員）の処遇は、あまり良くありません。昔はもっとひどかったようです。一九四四年、ロサンジェルスにあったエイブラハム・リンカーン高校を退職したエセル・パーシー・アンドラスは、カリフォルニアの退職教員協会（CalRTA）の南部地区ディレクターとなりました。彼女は当時、長年子どもたちの教育に貢献した教師たちが、退職すると、健康で文化的な最低限の生活を維持するにも苦慮するようになってしまう状況を、何とかしなければならないと考えていました。そして一九四七年の秋、カリフォルニアの退職教員協会はオークランドで集会を開き、全国組織としての全米退職教員協会（National Retired Teachers Association：NRTA）を立ち上げ、彼女がその代表に就任しました。NRTAは徐々に組織としての基盤を確立し、一九五〇年には季刊の機関紙を発行するまでになりました。また、退職教員たちが快適に過ごせるような老人ホームの建設が計画され、一九五四年、グレー・ゲーブルズという老人ホームができました。

このホームはその後サービスを拡大し、現在も自立型から重度介護まで複数の施設を包摂する老人ホームとして運営されています。

事業の拡大と全国組織化

退職後の健康保険や傷害保険の確保も、大きな課題でした。当時は高齢者が加入できる保険がなく、NRTAは、会員を対象とした六十五歳以上の高齢者のための保険商品を作りました。アンドラスは、四十社以上の保険会社に高齢者向けの商品を作ってくれるように頼みましたが、高齢者は高リスクだと応じてくれるところはありませんでした。ようやく、Continental Casualty Co. という会社のデービスという人物が応じてくれ、ニューヨークのNRTA会員を対象に、月五ドルの保険料で試行的な商品が提供されました。これが成功を納め、一九五六年一月には全国展開されることになり、初年度五千人のNRTA会員が加入しました。このプランは評判となり、NRTAの会員以外からの加入希望が相次ぎました。また、五十五歳以上の配偶者や家族にも同様の保障を提供してほしいという要望も、多く寄せられました。

アンドラスはカリフォルニアで、教員に限定しない、高齢者であれば誰でも会員になれる組織を立ち上げたいとデービスに話しました。すると彼は、カリフォルニアに限定せず、全国組織を立ち上げたらよいと提案したのです。AARPの誕生です。一九五八年一月のことで、当時の会費は年二ドルでした。そして、一九八二年にはNRTAとAARPが一つになり、NRTAはAARPの下部組織となって今に至っています。

ニーズをサービスに

現在、AARPの本部は首都ワシントンに置かれています。正会員の資格は五十歳からですが、それより若くても準会員として加入することができます。会員数は、三千八百万人です。アメリカの人口が約三億三千万人、高齢化率は十六・六％です。五十歳以上人口が約一億六千三百万人ですから、五十歳以上のアメリカ人の四人に一人がAARPの会員だということになります。ただ、五十歳になってすぐに加入する人は、やはり少ないのでしょう。私の経験では、高齢者の加入率はかなり高いように思います。

年会費は十六ドルですが、一年目は十二ドルで、三年分前納すると三十ドル、五年分前納だと四十五ドルとなっています。この会費が高いのか安いのか、気になるところかと思います。結論から言うと、高ければ、これだけの人が加入するわけがありませんから、会費以上の見返りがあるということです。たとえば、ＡＡＲＰを通してクレジットカードを作ることができます。何種類かのカードがあって、カードごとに少しずつ条件が異なるものの、年会費無料のカードを作っておけば、どのカードを選んでも、食料品やガソリンなど日常生活での消費によるポイントやキャッシュバックで、ＡＡＲＰの年会費額を回収できます。

ＡＡＲＰは、なぜこれだけの大組織になることができたのでしょうか。大きな理由は二つあります。一つは、ＡＡＲＰが薬局としての役割を果たしていることです。アメリカの高齢者問題として外せないのは、僻地に住む高齢者のサポートです。日本でも、山間地域や離島などの高齢者支援は、都市部に比べると困難です。アメリカの場合、ニューヨークを中心とする北東大西洋沿岸地域と、サンフランシスコやロサンジェルス、その他私たちが名前を知っているような都市部をはずれると、国中にポツンポツンと高齢者が住んでいるというイメージに近くなります。「大草原の小さな家」をテレビで見た世代には、イメージしやすいかもしれません。

高齢になると、お医者さんとの縁が深まります。ところが、アメリカでは家の近くに薬局があるとは限りません。むしろ「ない」ことの方が普通です。若くて元気な頃は問題なくても、高齢になって薬と縁が切れなくなった時に困ります。そこでＡＡＲＰは、処方箋をＡＡＲＰに送ると薬が宅配（郵送）されるというサービスを始めました。これは、大草原の小さな家に住む高齢者の重大なニーズを充足するものでした。

　もう一つは、クレジットカードの発行です。今は簡単に発行されるようになったクレジットカードも、以前はかなり厳しい支払能力の審査が行われていました。またウーマンリブ（ウィメンズリブ）の国というイメージのアメリカも、「奥様は魔女」といった古いホームドラマなどを見るとわかるように、以前は「お母さんは専業主婦」というイメージが一般的でした。ＣＵＳＳＷの授業で「家族内の力関係」が話題になった際、男尊女卑と言われる東アジア地域（日本、韓国、台湾、中国など）にルーツを持つ学生たちのほとんどが、「財布の紐はお母さんが握っている」と言っていました。これに対してアメリカのスーパーで、お母さんと子どもたちがレジをさっさと通過して買った食料品を袋に詰めているあいだ、レジに残って小切手やクレジットカードで支払っているお父さんの姿は、めずらしいものではありません。アメリカでも、多くの女性が自分より年上の男性と結婚するので、夫に先立たれて妻一人になると、夫の家族会員として持っていたクレジットカードを多くの妻が失うことになります。また、クレジットカードの発行に資力審査が伴うと、退職して年金生活となった時点で、カード保持のために求められる収入要件を満たせない人が出てきます。アメリカでは、クレジットカードがないのは首がないのも同じです。たとえば、ホテルでキーを部屋に置いたまま外に出てしまったとして、パスポートを提示してもカギを開けてくれませんが、クレジットカードを提示すれば開けてくれます。菊の御紋章よりも、カード会社のロゴの方が、信用度が高いことは間違いありません。

ＡＡＲＰの会員としてクレジットカードを発行してもらえることは、アメリカでは人としての最低限の権利を保障するものでもあったのです。日本で介護保険制度ができた際、長く改正されなかった民法が併せて改正されました。その項目の一つが、禁治産制度から成年後見制度への改正です。改正前、禁治産者の行った一切の法律行為は取り消すことが可能でした。改正後は、日常生活に必要な買い物はできる（取り消すことができない）ようになりました。コンビニでガム一つ自分の意思で買えないとすれば、その人は人間として扱われていません。また、キャッシュレスに慣れると、財布から複数の紙幣と硬貨を取り出すことが不便だと感じます。以前から現金ではなくカードや小切手での支払いが一般化していたアメリカで、クレジットカードの発行がどれだけ高齢者にとってありがたいものであったか、想像に難くありません。

高齢者パワー

ＡＡＲＰは年四回、「ＡＡＲＰマガジン」という機関誌を発行しています。これとは別に、高齢者関連の政治の動きについて知らせる「ＡＡＲＰブレティンBulletin」が、会員に配布されます。よく知られているように、アメリカには全国紙がありません。ニューヨークタイムズは四十八万部、ウォールストリートジャーナルは百万部ほどです。今はネットでどの新聞にもアクセスできるようになりましたが、ニューヨークタイムズのデジタル版を有料契約している人が六百万人ほどですから、全国三千八百万人の会員が目を通すＡＡＲＰマガジンに広告を出すと、そのコスパは極めて高いのです。衣料品、服飾雑貨、家電、家具、旅行、健康食品、サプリ等々、ＡＡＲＰマガジンの編集部が広告主に困ることはありません。ＡＡＲＰの会費の安さは、莫大な広告収入のおかげです。薬、保険、旅行やホテル、その他ほとんどの商品に、何らかの会員割引が適用されます。日本でも、民間の生命保険や医療保険の保険料に、会社や企業グループ単位で団体割引が適用されることはよくあることです。ＡＡＲＰは、企業がそのような割引を積極的に設定しようとする、全米一の巨大組織だと言ってよいでしょう。

ＡＡＲＰ成立のきっかけとなった保険事業と処方薬の郵送は、今でも重要なサービスです。また先に述べたように、数の力でさまざまな商品を企業が割引価格で提供してくれます。しかしながらAARPの存在意義は、このような経済的側面の利益を提供してくれる団体ということだけに依っているわけではありません。ＡＡＲＰが、大規模組織であるだけでなく、極めて組織化された団体であることは、アメリカでは誰もが認めるところです。ＡＡＲＰは「最強のロビー」であると言われ、議会で高齢者に不利な法案を通すことは容易ではありません。一九九五年頃、高齢者に有利な法案が次々と可決されることで、若者の利益が損なわれると議会で問題視され、ＡＡＲＰのトップが公聴会に呼ばれて大きな話題になりました。

ＡＡＲＰの政治活動は、会員による直接的な活動で、草の根民主主義と言ってもよいものです。ロビー活動は、ソーシャルワークの援助技術の一つであるソーシャルアクションの一形態でもあります。ＣＵＳＳＷの二年生だった頃、ニューヨークの州都であるオルバニーに出かけて州議会の議員を訪ね、ソーシャルワーク関連の法案について質問するというロビー活動が大学によって企画されました。事前に数時間の研修があり、小グループごとに、誰が最初に挨拶をするかなど、具体的に役割を決めたりしました。オルバニーまではかなり距離があるので、大学が手配したバスに乗って出かけるのです。訪問を受けた議員も、議員としての姿勢を問われるので、真摯に対応します。ソーシャルワークの学生でさえ一定のロビー活動ができるのですから、巨大組織ＡＡＲＰからの来訪者を、ワシントンの議員さんたちも無下には扱えないのです。

ＡＡＲＰの本部では、高齢者関連の政策の動向把握に常時努めています。高齢者に不利な施策や法案提出の動きがあると、全米各地の支部にロビー活動の指示がマニュアルとともに出されます。その指示にしたがって、各地の会員が地元選出の議員の事務所を直接訪問したり、電話をかけたりして、提出される法案についての考え方を確かめます。マニュアルには、議員に投げかける質問が具体的に記載されているので、会員は書かれているとおりに質問すればよいのです。ＡＡＲＰからの訪問者を断るには、相当の勇気が必要です。なぜなら、訪問者の後ろに大勢の有権者の影が見えるからです。日本でもアメリカでも、高齢者は若者よりも、選挙の際に投票所に足を運びます。高齢者に不利な発言をする議員がＡＡＲＰの支持を失えば、次の選挙で落選という結果を招きかねません。これが、最強のロビーと言われる所以です。

できることはなんでも

ＡＡＲＰのモットーは、人々（五十歳以上）の幸福な老後の実現です。ワシントンにある本部の一階は薬局で、館内には撮影スタジオもあります。各国語でＡＡＲＰの紹介ビデオが作られていて、日本語版ももちろんありました。老年学に関するさまざまな専門的研究も独自に実施され、結果は報告書として公表されます。政策の分析も行われ、これは政策レポートとして会員に配布される Bulletin に反映されます。

専門的な研究は、研究員によって実施されます。その一方で、高齢者の地域での見守りや訪問活動（友愛訪問）など、ＡＡＲＰの活動の多くは、会員たちによるボランティア活動として実施されています。働いて生活費を得る必要のある高齢者のためのハローワークのような活動、シルバー人材センターのような活動、民生委員のような活動、パソコン教室の開催などさまざまな活動があって、会員たちはその関心と時間的余裕、体力などにしたがって活動に参加します。ロビー活動もその一つです。

日本では……

日本でもＡＡＲＰのような組織を立ち上げたい、と思う人はもちろんいます。ＮＡＬＣ（日本アクティブライフクラブ）という組織は、その例です。残念ながら、会員数や事業規模は、ＡＡＲＰに及びもつきませんが、各会員が自分のできることをやっているということでは、引けを取りません。時間預託方式のボランティア活動のほか、二〇〇三年に発行されたエンディングノートは、十六万部ほどを売り上げたそうです。会員たちは、別のNPO法人が行っている特別養護老人ホーム等での介護サービス相談員活動にも積極的に参加しています。

日本には、全国的な組織としての公益財団法人老人クラブがあります。もともとは、ローカルな地域の助け合い活動を、社会福祉協議会（社協）が各地に広めたものです。社協はゴールドプラン以降、デイサービスなどの介護事業も展開するようになりました。ボランティア活動の担い手と受け手をつなぐ活動なども行っています。地域差はありますが、社協の状況に比べ、老人クラブの活動は低調です。ただ、老人クラブも社協も、民間組織であるにもかかわらず、なんとなく「お上」のにおいがすると思うのは私だけでしょうか。いずれにせよ、老人クラブをAARPの比較対象にすることなどできそうにありません。NALCのような団体が組織されたのも、老人クラブに所属していては、思うような活動ができないと設立者たちが考えた結果ではないでしょうか。

NALCの活動は、日本の高齢者たちによる、自発的な組織活動として評価できます。とはいえ、AARPのような力を持つことができないのには、いくつかの理由が考えられます。まず、日本には国民皆保険制度があり、狭い国土ですから、僻地でなければ、医療機関や薬局が、生活圏内に一つや二つはあるのが普通です。また、患者の便宜を考えて内部に薬局を構えている医療機関もあります。もう一つは、日本では現金決済が主流であったことです。身分証明書に使われるのは運転免許証で、クレジットカードの提示を身分証明書の代わりに求められるような場面は、ほとんどありません。これらに加えて、隣組など昔ながらの近所づきあい（ネットワーク）が充実していたこと、行政との協力関係ができていることも影響していると思います。

国連NGO

ＡＡＲＰの国連ＮＧＯ担当は、ＣＵＳＳＷから毎年二名の実習生を受け入れていて、その年（留学二年目）は、私と韓国人の女子学生が配属されました。場所は、イーストサイドにあるＡＡＲＰのニューヨーク事務所です。ユナイテッドウェイ同様、ＡＡＲＰも巨大組織ですから、私の実習先は二年間とも、いわゆる福祉現場とはかけはなれたものとなりました。二つの巨大組織での実習を通して、個人や家族への直接的な援助とは異なるものの、サービスの運営管理や政策への働きかけなど、ソーシャルワークの重要な技術を実践的に学ぶことができました。

ＡＡＲＰのニューヨーク事務所から国連本部まで、徒歩で二十分ほどでした。私たち実習生にも、高齢者ＮＧＯ委員会のメンバーとして、国連本部の職員通用口から自由に出入りできる写真付きのパスが支給されました。このパスのおかげで、中学・高校の社会の教科書で見たいろいろな会議場を自由に見て回ることができました。それはともかく、高齢者ＮＧＯ委員会のインターンとして、高齢者関連の案件の審議の行方を傍聴席から把握すること、そして国連ＮＧＯとしての対応を高齢者ＮＧＯ委員会で協議すること、そのための委員会の運営が実習タスクでした。大学時代、国際法や外交史を学んだので、主権国家の集まりである国連で、一つの報告書や提言を出すためにどれだけの時間がかかるのかを知ることができたことは、得難い経験でした。会議で発言権を持つのは国家であり、発言者は、自身の意見を述べているわけではありません。世界中を見渡せば、高い高齢化率を達成しているのは国が豊かである証拠で、国連の関心は、高齢者よりも貧困にあえぐ子供や女性たちの方にあって当然です。私たちが見学する審議は、高齢者や高齢社会に関することでしたから、切迫した雰囲気はありませんでした。それでも、各国代表から出される多様な意見を整理しながら議事を進行する議長の苦労は、たいへんなものでした。

議事が終了すると、傍聴席にいる人間も議場に降りて行って各国の代表と話をすることができます。ある日、実習指導者のジーンが、「アメリカの代表に挨拶に行くので、あなたも一緒にいらっしゃい」と言いました。高齢者に関する会議など、重要度が低かったはずで、日本の代表は外務省の職員でした。アメリカ代表は国連大使で、ジーンはその女性大使をとても尊敬しているとのことでした。その日、もう一人の韓国人実習生は同行しておらず、私一人でした。ジーンは大使に会議を傍聴していたことを伝え、「今年のうちのインターンなの」と私を紹介してくれました。大使は「ああ、そう」という感じで、形だけの握手をしてくれました。アメリカの国連大使ですから、当然です。目の前にいるのは、フツーのおばさんでした。私には、そう見えたのです。私は、俳優のポール・ニューマンがカーター政権の時代、国連の軍縮会議にアメリカの代表として選ばれたということを覚えていました。ですからその時も、「あなたじゃなく、ポール・ニューマンに会いたかったなあ」などと思っていたので、凹んだりはしませんでした。恥ずかしながら、私はその大使のことを知りませんでした。彼女の名前はオルブライト、日本に帰国した後、国務長官になった彼女をテレビで頻繁に見るようになりました。

第三部　ソーシャルワークの諸相

第六章　良いサービスを手に入れるには

国によって異なるサービスの作り方

日本である人が困った状況に置かれているとして、その人への援助は、生活保護なら福祉事務所、家事援助なら訪問介護事業所（ヘルパーステーション）、というように「どこか」から提供されます。福祉事務所に行かなければ生活保護を受給することはできませんし、ヘルパーステーションがなければ、ホームヘルプを依頼することはできません。ヘルパーさんも、今日どのお宅に行けばよいのかわからず、途方に暮れるでしょう。このように、誰かを援助するためには、ソーシャルワーカーだけがいてもだめなのです。ソーシャルワーカーを含む援助者の実践の場を作り出す組織や機関、仕組みが必要となります。

アメリカでは、ソーシャルワークは、二つの異なるタイプの組織によって提供されてきました。一つは、比較的小規模の民間のボランティア組織で、もう一つは、行政機関です。行政機関は当然ながら、民間機関よりもその規模が相当に大きくなります。アメリカでは、公的な機関によって提供されるサービスは少なく、民間機関が多様なサービスを創り出します。日本での福祉サービスの提供のされ方と比較すると、その違いは明らかです。日本でも、福祉のサービスを提供するのは、比較的小規模の民間団体（社会福祉法人やＮＰＯ法人がその中心です）である点は同じです。ただし、○○福祉法があって、その法律にサービスの種類や内容が規定され、法律の下にサービスの設置基準があり、そのまた下の通達が折に触れて出され、全国どこでも同じ基準で同じサービスメニューが展開されます。

このような違いは、援助を必要とする人々のためのサービスを、どのように作ってきたかという歴史の違いによって生じます。アメリカでは十九世紀の南北戦争後、特に北東部において、経済成長とそれに伴う人口の都市への流入が起こりました。この時期はまた、州立の入所施設を含め、民間の福祉サービス機関やセツルメントハウスなどが数多く作られた時期でもありました。セツルメントハウスは、貧しい地域で人々のために衛生、栄養など生活上の教育を提供する施設です。セツルメントハウスや民間のサービス機関は、もともとその土地に暮らしていた人々だけでなく、都市に流入した個人や家族が、新しい環境に適応し、暮らしを成り立たせていくことを支援しました。このような支援は、支援を必要とする人々の不安や不満を反社会的な行動に転化させないことにも、一役買っていました。

民間のサービス機関の発展に貢献したのは、富裕な実業家たちです。彼らは、市民ボランティアとしてリーダーシップを発揮するとともに、州の慈善委員会のメンバーともなり、州立の福祉施設の設置にも貢献しました。彼らは、それぞれのサービス組織の理事長や理事でもありました。そして彼らの妻たちもまた、施設の理事として活躍したのです。慈善組織協会（ＣＯＳ）の創設は、慈善事業の効率的運営と、移民や労働者階級が住む地域における貧困や家族問題を緩和することで、緩やかな社会改革に寄与しましたが、これは、実業家としての彼らの利益に適うものでもありました。

これら富裕なボランティアたちは、理事長であり、理事であり、寄付活動のリーダーであり、施設の方針決定者であり、政策提言者でした。それにとどまらず、理事たちはケース検討会に参加し、職員の採用や予算の執行にも関わっていました。施設は財政的に彼らの寄付に依存し、また彼らのネットワーク、すなわち同じように裕福な彼らの友人たちを通して入って来る寄付に大きく依存していました。理事会は、富裕層の男性たちと彼らの妻たちで構成され、理事長を支えました。理事たちは、お金を出すかわりに口も出して、事業運営に積極的に関与していたのです。このような状況は、有力な理事長による独裁運営ともなりますが、うまくいけば、カリスマ的なリーダーが歴史に残る施設を作ることになります。ジェーン・アダムズが中心となって設立したセツルメントハウス、ハルハウスがその良い例です。彼女は、リンカーンも訪れる名家の出身でした。ついでですが、連邦政府に児童局が創設された際に初の女性長官となったジュリア・ラスロップも、法律家の父を持つ富裕層の出身でした。名門のヴァッサー・カレッジ（当時は女子大で大山捨松もここで学びました）で学んだ後に故郷のイリノイ州ロックフォールに戻り、父の仕事を手伝っていましたが、女性の権利、精神障害、社会改革、などに関心を持っていた彼女は、ジェーン・アダムズに啓発されてハルハウスでセツルメント活動に携わり、優れた実践記録も出版しています。

マネジメントとしてのソーシャルワーク

実践としてのソーシャルワークを、仕事として確立していったのは、ＣＯＳの上級管理者として活躍していた人々でした。その代表が、フィラデルフィアのＣＯＳで上級管理者となり、その後ラッセル・セイジ財団に移ったメアリー・リッチモンドです。ソーシャルワーカーは、二十世紀に入って専門職として発展を遂げたのですが、それはセツルメント活動ではなく、精神科を含む医療分野でのワーカーたちの実践に負うところが大きかったと言われています。移民の多い都市部では、社会的なサービスに対する需要がますます拡大し、それに応える慈善組織の規模もまた大きくなりました。その結果、組織やサービスを効率的に運営する必要性が高まり、実業家やその妻たち、医師、法律家、聖職者などによって構成されていた理事会は、専門的な教育を受けたスタッフや、事業運営に関する専門知識と経験を備えた管理者なしには、その責任を果たすことができなくなっていきました。組織の意思決定機関である理事会と、実際の運営管理を担う事務局の分離がすすみ、理事会は意思決定機関ではあるものの、理事たちはボランティアであったため、報酬を得て働く事務局の職員が、実際に組織を動かすようになっていったのです。

このような変化のなかでできあがったモデルは、経験豊富なケースワーカーをスーパーバイザーに昇進させ、バイザーとしての経験を積んだ者のなかから管理者を選任するというやり方でした。管理者は、新しい職員を採用したり、職員にスーパービジョンを提供したりすることで、サービスの質の維持をはかりました。つまり、管理者は事業の運営と経験豊かなソーシャルワーカーとしての実践という、二足のわらじを履いていたのです。管理者はまた、理事たち以外から広く寄付を募ったり、地域内の未充足ニーズのために新しいサービスを展開したりするために、地域の事業所を分野ごとにグループ化して協議会を形成し、全国組織として活動することにも指導的な役割を果たしました。

これを可能にしたのは、アメリカ社会でソーシャルワーカーが、人々の暮らしを支える一定の仕事をする職業、すなわち専門職として認識されていたからだと思います。日本では、ゴールドプラン以降、高齢者介護施設が次々と作られました。ただ当時はソーシャルワーカー（社会福祉士）の専門職としての認知度は低く（今も変わっていないかもしれません）、また経験を積んで管理的なリーダーシップを発揮しているソーシャルワーカーも少なかったために、それまで福祉現場とは縁の薄かった施設の設立者や退職した教育者（校長先生など）が施設長の席に就く例が多くみられました。福祉施策が乏しかった時代、福祉施設を設立したのは、高い理想を持つ有志の人々でした。それがゴールドプランを契機に、施設用地の所有者と地元の商店主数人が協力し、補助金を活用して特別養護老人ホームを開設することができるようになったのです。施設の運営が始まって必要なものを地元の商店から調達すれば、地域も潤います。「介護をみんなのものに」という当時の熱気が、福祉という言葉に常に伴っていた暗いイメージを多少とも取り去ったこと、また、人々が福祉や介護について知るようになったことは、喜ばしいことです。ただ、介護をビジネスにすることでサービスを量的に整備するという政策の下、社会福祉士はなお弱小集団で、サービスの運営管理を含め、介護分野でのソーシャルワーク機能を一手に担うことができるだけの人数を確保することができませんでした。そのことは、社会福祉士だけでなく医師、歯科医師、看護職（保健師、助産師、看護師）、薬剤師、栄養士、リハビリテーション関連の各種専門職など、非常に多様な専門職が介護保険制度創設に伴って大量に必要とされたケアマネジャーの基礎資格として認められたことにも現れています。

公私の役割分担

アメリカのソーシャルワークの歴史に戻ります。公的なセクターによって提供されるサービスに関しては、州ごとに、また州内でもばらばらに実施されていた生活保護プログラムを少しでも統一しようと、一九二〇年代に多くの州で公的福祉部門が作られ始めました。これらの機関は当初、民間組織の理事たちが牛耳っている民間非営利団体の協議会に頼っていましたが、後に独立して公的な福祉機関の団体 American Public Welfare Association を結成しました。この団体は、大恐慌の時の緊急援助プログラム発動にあたって、現場と連邦政府の官僚たちとのパイプ役を果たしました。

一九三五年に社会保障法が成立したことで、児童扶助や老齢扶助など新しい連邦プログラムが創設され、州レベル以下の行政機関の数が飛躍的に増加しました。これらの機関で働く専門職が必要となり、民間から多くの管理職が引き抜かれました。また社会保障法の成立により、民間のサービス機関は次第に緊急の生活扶助から手を引き、より専門的な支援を担うようになっていきました。

先の大戦をはさんで一九六〇年代になると、後にユナイテッドウェイとなる地方の共同募金を介した資金集めが、広く行われるようになりました。共同募金を通して集められた資金と利用料によって、民間のサービス機関は、数においても規模の上でも拡大し、その地域全体を対象とする大規模な組織も出現しました。組織の規模が大きくなると、管理者の責任も複雑になります。理事会メンバーは、次第に運営事務の詳細を把握しきれなくなり、理事会の役割は、組織の方針決定や大まかな財政状況の把握に限定されるようになりました。そのような事業者においては、方針決定や財政状況把握のための資料も、理事たちが自分たちで作成するのではなく、事務局によって準備されることになります。そうなると、理事会には事務局や管理者が作成した資料を読み込む力が、管理者にはソーシャルワーカーの専門職倫理が求められます。このような理事会と事務局・管理者との関係は、今も変わっていません。

一九六〇年代には、連邦から地方に至る政府（行政）の後押しで、人々の多様なニーズを充足するためのモデルプロジェクトが推進され、また地域精神保健センターが作られました。このような動きは、これらの機関で管理者となっていたソーシャルワーカーたちを刺激し、革新的なサービスの開発など、創造的な力が発揮される契機となりましたが、政府の後押しがあるとはいえ、必要な財源を確保するためには、起業家精神と政治的な流れを捉えるリーダーシップが必要でした。

一九八〇年代以降、精神保健や知的障害分野では、財源が公費で賄われる政府系の事業が展開されたものの、それ以外は、補助金方式と行政による民間サービスの買い上げ方式が主流となりました。これらの補助金や契約を積極的に活用したのが、老人ホームと保育所だったと言われています。一方で、多くの非営利団体が補助金と行政との契約に依存するようになり、それまで理事のネットワークを通した寄付に頼っていた組織が財源を多様化させる必要に迫られたことで、事務局が理事会よりも力を持つようになりました。ただし、補助金や契約によって調達できるのはサービスのための直接経費だけで、管理経費の調達は、施設の理事や管理者の肩にかかることになります。

一九九〇年代に入ると、マネジドケアを実施する組織ができ、ソーシャルワーカーは、公私、営利非営利を問わず、医療・精神医療の分野のさまざまな管理的ポジションに進出しました。また、行政機関の上級管理職にもソーシャルワーカーが抜擢されるようになりました。そして、行政が民間のサービスを購入あるいは民間サービス機関に委託するかたちがますます一般化しました。民間のサービス機関の組織形態は営利企業に近くなり、上級管理者はCEOやプレジデントなどと呼ばれるようにもなりました。

このような流れは、日本でも同様です。かつては、公立の事業所もめずらしくありませんでしたが、多くの公立施設が、行政直営方式から第三セクター方式に転換されました。生活保護などは別として、行政が直接運営しなければならないサービスはありません。介護保険は、それまで行政処分であったサービスを、利用者の選択による利用に変えました。今では、営利・非営利を問わず、また高齢者介護だけでなく障害・子ども・医療などのサービスにおいても、各事業者は、「選ばれる」事業所となるようにサービスの質の向上に努め、積極的に情報を公開・発信するようになりました。

起業家的リーダーシップ

起業家的リーダーシップが、ソーシャルワーク実践の一形態だと言うと、現場で実際に人を援助するソーシャルワーカーのなかには、自分とは無関係の仕事だと思う人もいるでしょう。私は、サービスの運営管理はソーシャルワーク実践の重要な一部だと思います。ただし、そうであるためには、管理者が現場で人々を直接的に援助してきた経験豊かなソーシャルワーカーであること、またそのようなキャリアパスの確立が必要です。

介護サービス事業において、ビジネス的な意識改革が必要だということで、企業経営にずっと携わってきた人が、福祉施設の改革のために管理者として抜擢されるというような話を聞くことがあります。それはそれで、ソーシャルワーク実践に足りていない部分への刺激として大きな役割を果たす試みでしょう。ただ本来は、ソーシャルワーカー自身が組織改革や新規事業の企画と実現に中心的な役割を果たすべきだと考えます。社会福祉士・介護福祉士制度ができて年月が経過し、学校を卒業して現場で直接援助に携わった人たちが管理的なポジションに就き、自身の理想を共有できる同僚と事業を改革したり、自身の思いを共有してくれる管理者のいる施設に移ったり、また自分たちで新しい施設を立ち上げたりする例を見聞きできるようになりました。頼もしい限りです。

ソーシャルワーカーは、介護職や看護職と同じように、転職が不利にならない職業の一つです。職場環境は、トップが交代するなどさまざまな事情で変化します。また経験を積むことで、納得できる実践をしたいと思うようにもなります。今働いている施設で思うような実践ができなければ、自分が中心となって施設を改革するか、そこを離れるかという選択を迫られることになります。諸事情により、新天地に移った方が自身の力を発揮できる場合もあるでしょう。理由をきちんと説明できれば、職場を移ることは決してマイナスに評価されません。そのように自分で考えて行動できる実践者を、どこの施設も必要としています。

日本にも既に、そのような実践者が少なからずいらっしゃると思います。管理者という地位に就けば、できることは増えます。ただ現場のソーシャルワーカーにも、直接利用者の支援に携わってきた経験を踏まえて、サービスをより良いものにしていくための企画力やそれを実施に移す力をつけてほしいと思います。そのためには、スーパービジョンを通したサポートやマネジメントスキルを習得するための研修機会の提供など、職場環境を整備しなくてはなりません。ソーシャルワーカーの卵を社会に送り出す社会福祉士の養成機関が、現場のサービス機関と協力して、送り出したワーカーのその後の成長に貢献できる仕組みを作ることができると良いと思います。

既製服かオーダーメイドか

ソーシャルワークという仕事は、制度と制度をつなぐ仕事でもあります。制度と制度の隙間にはまり込んで這い上がってこられない人を助けるのです。たとえば、病気というほどではないけれどフルタイムで働くと体調を維持できないとか、知的障害という認定はされないけれど学校の勉強にはついていけない、というような例はたくさんあると思います。どちらの側でもかまいませんが、片方の側の援助者が頑張って（融通をきかせて）そちらの側の制度で支援することができれば、大きな問題に発展することは少ないでしょう。どちらの側からも「対象外」として見放されてしまった人を、ソーシャルワーカーは支援します。洋服に例えると、メーカーAの服もメーカーBの服もサイズが合わない場合、どちらかのメーカーの他のサイズを探してもらえないか、あるいは裾や袖の長さを調整してもらえないか、お店に頼みます。別のサイズがなかったり、寸法直しでは間に合わなかったりする場合は、メーカーCを探します。そして、メーカーCが見つからなければ、オーダーメイドを検討することになります。仕事の難易度は、寸法直しで済む場合は簡単で、オーダーメイドになると難しくなります。オーダーメイドが望ましくても、それができないこともあります。

冬用のオーバーコートのボタンがとまらないようでは、寒さをしのぐことができません。仕方がないので新しいコートを買いましょうという提案をすることは簡単です。けれども、家計全体や家族の将来設計を勘案すると、その選択をしてよいのかどうか迷うかもしれません。ソーシャルワーカーは、あとは自分で決めてくださいと言ってしまうことも、リサイクルショップを探してみてはどうかと提案することも、自分でリサイクルショップを見つけてお店まで一緒に行くこともできます。どれだけ仕事をするかは、個々のソーシャルワーカーに任されています。

良いソーシャルワーカーに出会うかどうかは運しだい、ということでは自分たちが専門職だと胸を張って言えません。ソーシャルワーカーは、必要ならオーダーメイドを選択するか、あるいはそれに代わる支援をしなければならないのです。現実には、容易に実践できることではありません。同じ種類の施設が集まった施設協会などを通じて制度の変更や創設を働きかけることしかできない場合もあります。それでも、隣組の住民に声をかけるなど、身近な資源を活用することはできます。八百屋さん、薬局、不動産屋さんなど、自分が働く施設や事務所周辺の商店主たちとのネットワークも、いざという時に役立ちます。必要な衣服が製造されていないということと、好みに合わないので特注することとは、違います。ソーシャルワーカーは、ぜいたく品の特注には応じませんが、必要なものがない場合には手を尽くします。それができるかできないかは、ワーカーの腕次第です。

必要なサービスがない時

アメリカで提供されている社会サービスの多くは、「作らなきゃ」と思って「誰か」が作ったものです。さまざまなサービスが、ずっとこの方式で提供されてきています。ソーシャルワーカーは、この「誰か」になることを期待されていますし、実際、期待に応えてきました。日本の場合、福祉を学ぶ学生さんたちに「卒業したらどうするの」とたずねると、特別養護老人ホーム、障害者の就労支援事業所、児童養護施設、病院、児童相談所などといった答えが返ってくると予想されます。知的障害者系とか児童系というように、ざっくりとした答えであるかもしれません。これに対してアメリカでソーシャルワークを学ぶ学生たちは、自閉症児、被虐待児、ホームレス、精神疾患で仕事を失ってしまった人、というように、どんな人を援助したいかを、かなり具体的に答えます。私の同級生だった一人の女子学生は、「親に連れられずに一人で、あるいはきょうだいでアメリカに渡ってきた子どもたちを支援したい」といつも言っていました。移民の国アメリカらしいと思うとともに、ああそういう子どもがいるんだなと気づかされました。彼女のことは、とても印象に残っています。それを聞いた先生が、「それで、どうするつもりなの?」とたずねました。すると彼女は「今はまだよくわからないけれど、そういう仕事ができるエージェンシーがなければ、自分で作ります」と答えていました。彼女のその後のことは全く知りませんが、きっとすばらしい実践をしているに違いないと思っています。

既存の制度では対応できない事例は、常に発生します。あたりまえのことです。私たち一人ひとりの事情は異なりますから、定められた基準にピッタリ合うことがあったとしたら、それこそ万が一です。重要な部分が充足されれば、「制度がそうなっているなら仕方ない」と多少のことは我慢してあきらめてしまうこともできますが、何をどこまで我慢できるかには個人差があって、立場の弱い人ほどしなくてもよい我慢をしてしまう傾向があります。我慢せずに「文句を言う」ことは、エネルギーがないとできません。困っている人ほど、その困っていることへの対処にエネルギーを使っているので、文句を言うエネルギーが残っていないのです。

困っている人を見て、何とかしようと立ち上がる人は、日本にもたくさんいます。富山型のデイサービスをご存知でしょうか。家で死にたいと思いながら施設で亡くなるお年寄りを見てなんとかできないかと、一九九三年に富山赤十字病院に勤務していた看護師の惣万佳代子さんらが、退職金を出資して始めた民間のデイサービス事業です。高齢者、障害児・者、乳児が一緒に過ごす共生型福祉施設であったために、行政の補助金は得られませんでした。日本の福祉は、高齢、障害、子どもの三つに分けられていて、役所の機構もそのような縦割りが基本になっていますから、お役所が型どおりに対応するとそうなります。そのため、賛同者の寄付などでギリギリの運営でしたが、市民の声の後押しもあって補助金を受けられるようになり、対象事業の範囲も緩和され、介護保険法や障害者総合支援法の成立で、順調に経営できるようになったそうです。今では行政との協力・協働も実現されていて、全国的にも優れたモデルとして知られています。

日本では、このような人々の「あったらいいな」を実現する変革者がいて、そのサービスの必要性が公的に認定されることで制度化され、日本中どこでもだれでも利用できるようになるというパターンがあるように思います。アメリカでは、公的な制度化という過程がなく、民間のてんでんばらばら状態がキープされます。てんでんばらばらですが、一様ではない代わりに細かいニーズに応えることができます。ただ、自分に合ったサービスを見つけにくくなりますから、サービスとの出会いを助けてくれる人が必要です。その方法を、ケースマネジメント（介護保険制度ではケアマネジメント）と言います。介護保険のように、サービスメニューが全国的にほぼ均一である場合には、パンフレットさえあれば、自分に必要なサービスを選び出すことは難しくありません。各市町村は、説明責任を果たすという意味でも、とてもわかりやすい説明書を工夫して作っています。説明書に書かれているサービスメニューから利用者が使えそうなサービスを選んで組み合わせることで終わるのなら、ケアマネジャーの仕事は楽なものです。私が介護保険を利用する際には、既存のサービスメニューではイマイチ不満ということがないかどうかをたずねてくれたり、それ以上に、イマイチな部分を見つけようとしてくれたりするケアマネジャーに担当をお願いしたいと思います。

一般的にあまり知られていないかもしれませんが、介護保険では、ケアプランをケアマネジャーに作ってもらう必要はありません。自分で作ることも、可能です。そのための参考書もいろいろと出版されています。自分でケアプランを作ることが、ケアマネジャーに作ってもらうよりも望ましいと言うつもりはありません。介護サービスを利用したいと思うのは、困っている時です。困っている時には余裕がありません。たとえ余裕があっても、目の前に必要なものをサッと差し出してもらえると、とても助かります。必要ではないサービスを使い続ける必要はありません。使ってみないと、そのサービスがどのようなものなのかわからないでしょう。被保険者として、サービスを使ってみる権利があります。使ってみて必要がなければすぐに利用を止めること、調整してほしい部分があればそれをきちんと伝えて利用の継続か中止かを判断することも、利用する者の責任だと思います。介護保険を利用せずに亡くなる人の方がずっと多いのですから、利用する際は必要かつ十分なギリギリを目指すのが礼儀というものでしょう。もちろん、そのような判断をすることができる「ちから」が、利用者にあるとは限りません。利用者に最善のサービスを提供する際に、保険を支えている多くの人の利益に思い至ってくださるよう、ケアマネジャーの方々だけでなくサービス提供に携わるすべての方にお願いしたいと思います。また、メニューにあるサービスだけでは利用者のニーズが充足されない場合に、利用者にあきらめや我慢を安易に求めず、ボランティアの活用なども、地域包括支援センターや社会福祉協議会を通して手配していただけると、利用者は助かります。

サービスの良し悪しを決める要因

良いサービスプログラムと良い実践は、ニワトリとタマゴの関係にあります。良いプログラムがあるから良い実践ができるのか、優れた実践者がいるから良いプログラムが生まれるのか、留学時代に教室で話題になったことがありました。サービスの中身の決定や事業の運営とスタッフの力量やその向上とは、相互に関連しているということです。

ただし、良いプログラムのカギを握るのは、やはりその事業や施設のトップだと感じています。理事長であっても、事務局のトップである施設長であってもかまいません。以前、特別養護老人ホーム（特養）を訪問して利用者の話を市民として聞くという活動に参加していました。いくつもの特養を担当し、施設長に生活感があるかどうかが、特養のサービスの質を高めるカギだと思いました。特養は生活の場ですから、生活感に敏感でなければなりません。たとえば、ある施設の施設長は、昼食の時間になると、机の引き出しからエプロンを出して、それをつけて食堂に行くのが日課でした。そして、介護職員に交じって食事をテーブルに運ぶのを手伝います。急な仕事がなければそのまま食事が終わるまで、食堂でお年寄りに声をかけたり、職員と他愛ない話をしたりしていらっしゃいました。そこから、いろいろなことがわかるはずです。そのような施設長としての実践が、働きやすい職場をつくり、職員が良い実践を行いやすくなり、職員の声も施設長に届きやすくなります。結果として、良いサービスが実現されます。建物は古びていましたが、スタッフの対応が素晴らしく、自分の家族を託してもよいと思える施設でした。実際、その施設で共に活動していた方が、後にご主人を託されました。その方も私と同じことを感じておられたのだと確信しました。この施設が良い施設であったことは、間違いありません。

介護施設に関して言えば、もう一つ重要なことがあります。私の経験に過ぎませんが、良い施設では、介護職がトップに立っているということです。介護職員でなければならないということではありません。ただ、介護職が看護職に従属するものと捉える傾向があったり、どちらかというと療養面での質向上や安全の確保を優先していたりする施設で、「良い施設だなあ」と思える所に出会わなかったということです。経験豊かな看護職の方が代表を務めている、すばらしい施設も知っています。その施設では、看護職である施設長が強力な指導力を発揮して、介護職が介護職としての専門性を最大限発揮することを厳しく求め、利用者の生活環境の質的向上を図っていらっしゃいました。介護施設は生活の場であり、施設や職員が目指すべきは、お年寄りの人生の完結です。そのことを理解している看護職は、利用者のサポート役としてきっちりと仕事をします。介護現場の優れた管理職は、「看護職を含むスタッフを率いることのできるリーダーシップを備えた介護職員」を育てる必要性を、明確に自覚していらっしゃると思います。

第七章　介護・看護・ソーシャルワーク

介護サービスの充実とともに

アメリカから帰国したのは、二十世紀もあと数年で終わろうとしていたある年の秋のことです。ソーシャルワーカーとしての仕事に、日本ではどうやったら就けるのかわからず、とりあえず食べていかなくてはなりませんから、ハローワークに行ってみました。窓口の職員に、「福祉関係の仕事ってありますか」とたずねて紹介されたのが、ある社会福祉法人の在宅介護支援センター職員の募集でした。

一九八九年のゴールドプランの後、老人保健福祉計画を経て一九九四年に新ゴールドプランが出され、介護施設や在宅介護サービスの事業所が、雨後の筍のように次々とできました。また、在宅介護支援センターを中学校区に一つずつ設置するという施策が動き始めていて、その法人もセンターの開設に向けて職員を募集していたのです。このようなポジションを、ハローワークに出すということ自体がおそらくあまりないことでしょうし、私がたまたまその時期にハローワークを訪ねたというのも、何かの縁だと思います。応募者は三人で、翌週ぐらいに筆記試験があり、私が選ばれて、十二月から働き始めました。

仕事始め

その法人が私を雇ってくれたのは、私が学んだソーシャルワークの知識に期待したからだと思います。法人は十一月に特別養護老人ホームとデイサービスセンターを開設したばかりで、在宅介護支援センターはまだ立ち上がっていませんでした。職員として採用されたとはいえ、何をしてほしいという、具体的な仕事の指示はありませんでした。早い話、とりあえず急ぎの仕事はなかったのです。その一方で、新設の施設ですから、毎日のように入所が決まったお年寄りが自宅から移ってきていて、食事、入浴、着替え、排泄などの介助は待ったなしでした。当時は介護サービスが急速に拡大した時期で、介護が仕事として注目されていました。そのため、就職希望者は、募集定員以上に集まったようです。ただ、介護とは無縁の仕事からの転職組や高校を卒業したばかりの若者なども混じっていて、日々の介護業務をすすめていくには、まず身体介護技術の研修を実施しなければなりませんでした。私が採用された時期にも、追加の介護職員が採用されていて、その人たちと一緒に、基本的な介護技術の研修を受ける機会を得ました。実際、利用者のおむつ交換などもさせていただきました。

簡単な研修でしたが、この研修で学んだこと、また短時間でも実際にやってみる機会を得たことで、「最小限必要な介助・介護はできる」と思えるようになりました。ソーシャルワーカーが、自身の仕事として介護（身体介助）を行うことはありません。その後、デイサービスセンターを手伝いながら、在宅介護支援センターの開設準備を行うことになったので、介護サービスの利用を希望する方のお宅を訪問する機会も増えました。基本的な介護ができるということは、面接に出向く際の不安解消に大いに役立ちました。

高齢者宅を訪問すると、何が起きるかわかりません。動作が不自由な一人暮らしのお年寄りの衣服が、濡れているということもあります。そんな時、デイサービスから誰かに駆けつけてもらおうと電話をしても、手すきのスタッフがいなければ対応できません。また、すぐに施設を出たとしても、二十分ぐらいはかかってしまいます。その間、「ではとりあえずお話をうかがいましょう」ということにはなりません。まず着替えを済ませなければ、落ち着いて話をすることなどできないでしょう。救援部隊を待つ間、気まずい時間を過ごすことになります。麻痺のある人の衣服を着替えさせる方法を知っていれば、下着やズボンがどこに入っているかをたずねて、あるいは、引き出しを開けますよと断って、すぐに着替えてもらうことができます。誰しも、初対面の人間には多少の警戒心を抱くものです。ソーシャルワーカーにとって、初回面接時に相手と信頼関係を構築することは重要なステップで、専門的なスキルが必要です。ところが、着替えを手伝うという行為を通して、容易にこの課題をクリアすることができます。

パワー格差

介護という仕事は、身体的な接触を介することで大きなパワーを獲得する仕事です。トイレ介助が必要な人にとって、それを拒まれては人間としての尊厳を保つことができません。介護をする者と受ける者の間には、どうしても力の差が生じてしまいます。その差を解消することは難しく、優秀な介護職は、「黒子」に徹することに最大限の配慮をしていらっしゃると思います。ソーシャルワーカーも援助職としてのパワーを持っていますが、介護職や看護職のような、目に見えるパワーではありません。訪問先で着替えを手伝うことが信頼構築の助けになるのも、それがソーシャルワーカーの直接的な職務ではないからです。それほど、介護や看護という身体的な直接支援に携わる者の力は大きいのです。

仕事の分担

看護職の医療行為や介護職の身体介助を、私たちはそれぞれの仕事の特徴として捉えています。では、ソーシャルワーカーはどうでしょうか。ソーシャルワーカーは、それぞれの人生を背負っている人が幸せになることを援助します。そのためにまず必要なのは、その人と話すこと、話すことができなければ観察することです。社会福祉士及び介護福祉士法には、「日常生活を営むのに支障がある者の福祉に関する相談に応じ、助言、指導、福祉サービスを提供する者又は医師その他の保健医療サービスを提供する者その他の関係者との連絡及び調整その他の援助を行うことを業とする者」とあります。看護師の仕事は、療養上の世話と診療の補助、介護福祉士の仕事は、介護と介護に関する本人や家族への指導です。ただ、看護師にとっても介護福祉士にとっても、看護や介護を受ける人の要望や心情を理解することが必要であることは確かです。三つの職種はどれも、自分たちが援助する相手やその家族の意向を理解するコミュニケーション力を、重要な専門性の一部だと考えています。

看護も介護もしない社会福祉士の仕事は、看護師や介護福祉士の仕事の一部を取り出したもの、ということになるのでしょうか。人の話を聴いて何が起こっているかを理解することは、援助の始まりに過ぎません。その先に、その人が幸せを取り戻すまで、さまざまな方法を用いて伴走する長い道のりが待っています。看護師さんや介護福祉士さんには、ソーシャルワーカーの仕事の入り口の部分を担ってもらっているのだと私は考えています。

病院の付添婦から介護福祉士へ

かつては病院に入院すると、入院患者の身の回りの世話のために家族が付き添うことが必要でした。「基準看護」を採用している病院では付き添いがなくても入院生活が送れるということになっていましたが、実際には基準看護の病院でも、多くの家族が付き添っていました。基準看護でない病院では、付き添いなしに入院生活を送ることは難しかったと思います。専業主婦でも、二十四時間病院に詰めるというのは、容易ではありません。しかしながら、入院して手術後まだ日が浅ければ、誰かがそばにいないとトイレに行くこともできません。ですから、病院には付添婦の詰所があり、入院手続の時に、看護婦さん(当時はそのように呼んでいました)からそのような事務所の場所と付添婦を頼めることが、半ば公然と患者に説明されていたのです。これは、「病院では私たち看護婦は点滴の交換(診療の補助)はします。でもトイレや食事のお世話(療養上の世話)をする余裕がありません」というメッセージです。二本ある看護師としての仕事の柱の一本を、下請けに出していたことになります。付添婦の助けを借りざるを得ない状況を、医療・看護の「恥部」だと看護職の人たちも捉えていました。付添婦を雇うことができる層は限られていますから、まかせっきりという人はごく一部でした。多くの患者は、できる限り家族が交代で付き添って、どうしても付き添うことができない時間帯だけ付き添いさんにお願いしていたと思います。

私がまだ小さかった頃、祖父がひと月ほど大学病院に入院したことがありました。祖母が祖父のベッドの下にマットレスを敷いて泊まり込み、世話をしていた姿を覚えています。週末は母が代わって祖父に付き添い、祖母は家に戻ってお風呂に入ったりしていました。看護師不足が背景にあったとはいえ、療養上の世話を付添婦や家族に任せることで、「診療の補助」が看護師の仕事の中核であるという認識がさらに強くなっていったことは否めないと思います。家族がどうしても付き添えない、また経済的に付添婦を雇うことができない場合には、看護師の当然の仕事として介助が行われていたことは言うまでもありません。ただこのような状況で、療養上の世話の仕事としての位置づけが低くなったことは、自然の成り行きだったでしょう。

付添婦のなかには、人格的にも優れ、本来看護職の仕事である療養上の世話を、ナイチンゲールから表彰状が出るくらいに実践していた方もたくさんいらっしゃったことを、私は疑っていません。介護福祉士制度は、看護職にとっても後ろめたかったであろう状況をなくし、同時に付き添いさんたちの仕事を社会的に位置づける役割を果たしました。一九九五年十月の健康保険法改正で付添婦の廃止が決まり、一九九六年三月四日に「病院付き添い婦・十一万人が消える」という番組がNHKのクローズアップ現代で組まれたことは、この問題が小さくなかったことを示しています。それから年月が流れ、今では家族の誰かが入院すると他の家族が付き添うことがあたりまえ、といった社会通念もなくなり、病院側も医療サービスの質の問題として療養上の世話に取り組んでいらっしゃると思います。社会福祉士資格は、このような介護福祉士資格の創設に併せて誕生しました。ただし今でも、福祉の仕事といえば介護をイメージする方が多いと思います。介護の仕事は、それだけ私たちに強い印象を残すということでしょう。

介護と看護とソーシャルワーク

介護、看護、ソーシャルワーク、これら三つの仕事には、共通項があります。それは、その専門性を社会に対して明確に示すことができにくいということです。介護や看護の仕事自体はよく見えるのですが、その「専門性」が見えにくいのです。

ナイチンゲールの誕生日である五月十二日が「看護の日」とされていることから、看護が仕事として認められるようになったことに対するナイチンゲールの功績の大きさがしのばれます。ただ、ナイチンゲールがクリミアの戦場で行ったような実践は、家族の誰かが病気になればお母さんが行っていること（療養上の世話）と同じだということに、看護職の方たちは引け目を感じてこられたように思われます。何かを行って報酬を得るのであれば「それは私（たち）にしかできません」と言わなければなりませんが、そのような専門性がどこにあるのか、なかなか説明できないということです。看護師が看護の仕事を続けることができるのは、単に医療行為ができるからということだけではなく、「誰にでもできる」とされる療養上の世話が、実は誰にでもできるわけではないからでしょう。これは、介護の仕事にも言えることだと思います。ただ、看護職はその「誰にでもできる」という引け目を、注射ができる、外科手術の補助ができる、というように、医療技術を磨くことで乗り越えようとしてきたように見えます。そのような流れのなかで、看護師の補助として診療材料の準備や汚物の処理などを担う「看護助手」を配置したり、付添婦に入院患者の食事や排せつの世話を任せたりしてきました。また、急性期医療を担う現場と長期療養病棟に序列があったように、私には見えます。介護の仕事が社会に広く知られるようになった頃から、看護の世界でも、長期療養や終末期における実践が評価されるようになったと思います。それはおそらく、社会における家事労働の評価とも関連するものです。

　看護師は業務独占の国家資格で、医療行為のできることが看護の専門性の主要部分であることは確かです。医師の指示の下にという条件がついていたとしても、人の生命を守る仕事ですから、間違いがあってはなりません。そこには、高い専門性があると思います。問題は、看護職が自ら「恥部」であると言うように、療養生活の質を高めることの専門性の評価が後回しになってしまったことでしょう。専門性は、知識と技術と倫理によって成り立っています。医療行為の専門性と療養上の世話の専門性の違いは、医療行為の対象がどちらかと言えば生物としてのヒトであるのに対して、療養上の世話をする相手は感情を持った人間であるということです。そしてそこから生み出されるのは、アートです。看護と介護とソーシャルワークは、哺乳類の一つであるヒトではなく、それぞれの人生を背負った人間を相手にする仕事であるところに共通性があります。

第八章　北欧の高齢者サービスを見学して

北欧探訪

一九九五年の夏、スウェーデンとノルウェーで高齢者介護サービスを見学しました。当時日本では、介護サービス事業所が次々と立ち上がっており、ちょうどそのような時期に、北欧のサービスを見る機会に恵まれたのです。ノルウェーでは、二週間ほど国立の老年学研究所のお世話になりました。外部からの研究者や研修者の世話をする係の人がいて、私があちこち見学できるように、段取りをつけてくださいました。それだけでも十分にありがたいことで、それ以上を求めると罰が当たりそうでしたが、更なるお願いにも応えてくれました。見学先で別の施設の良い取り組みについての話を聞いたりすると、そこにも行ってみたくなるのが人情というものです。「〇〇という施設には、どうやって行ったらいいの？」と聞くと、仕様がないなあという感じで電話をかけてくれ、自分の車で駅まで送ってくれたりしました。本当に感謝しています。研究所の研究員の方々も、ノルウェーの介護サービスの現状について、時間を割いて説明してくださったりして、至れり尽くせりでした。ちょうど私以外に来訪者がいなかったことも、幸いしていたと思います。

英語が国際言語であることに加え、フィンランド以外の北欧諸国の言語と英語には共通性があることから、ノルウェーでもスウェーデンでも、多くの人が英語を流暢に話します。施設を見学させていただいても、職員がみな英語で説明してくださるので、情報把握に不自由することはありませんでした。日常語はもちろん、ノルウェー語やスウェーデン語です。デンマーク、ノルウェー、スウェーデンは歴史的にも近しい関係なので、言葉もそれぞれ方言程度の違いしかありません。また、ノルウェーで宿泊していたユースホステルで、ノルウェーの大学に通うオランダ人の女子学生と知り合いました。言葉の習得について尋ねてみると、難しくないと言うのです。後にオランダを訪れて、その理由がわかりました。オランダ語も、北欧の言葉とよく似ているのです。ドイツ語とも文字が似ていて、ハンザ同盟ができたのも、このような言語的な共通性があったからかもしれません。バルト海を一つの湾だと考えれば、湾に面する港町の連合ということで、互いに頻繁な往来があったのでしょう。

ノルウェーのサービス見学が実現したのは、モンク先生のおかげです。渡米前に、北欧とオランダの高齢者サービスを紹介した『在宅ケアの国際比較・欧米7か国にみる高齢者保健福祉の新機軸』（中央法規出版、一九九二年）という本を読みました。その本を書いたモンク先生が、ＣＵＳＳＷで教えていらっしゃったのです。学校では当時、クライエントへの直接援助に重点を置くコース、サービスの運営や管理に関心がある学生のためのコース、そして、この二つの中間で両方を半々に学ぶ三つのコースが設置されていました。私が選んだサービスの運営管理を中心に学ぶコースの責任者がモンク先生で、在学中は先生の担当する科目を何科目も取ることになり、顔を合わせる機会も多かったのです。アルゼンチン出身の先生は話し方もゆっくりで、留学生としての苦労もよく理解していらっしゃったと思います。先の本を卒業前に持っていくと、表紙裏にメッセージを書いてくださいました。私の宝物です。

その先生に、卒業したら北欧の高齢者サービスを見てみたい、という相談をしました。きっと一か所ぐらいは紹介してくださるだろうと期待してのことです。すると先生は、いろいろな施設を見ることができるようにと、ノルウェーの老年学研究所に連絡することを勧めてくださいました。お願いの手紙に先生の紹介であることを書いておけば、きっと反応があるだろうと思いました。案の定、受入可の手紙が来て、渡欧の準備を始めました。

アメリカの社会と日本の社会を比べて、アメリカに一票を投じたくなるのは、「○○したい・してみたい」と言うと、「あなたならできるからぜひやってみなさい」という反応が返ってくるところです。これには、元気づけられます。そう言われると、できそうな気がしてくるから不思議です。慣れると、だんだんと社交辞令っぽく聞こえてはくるものの、「言ってもいいんだ」と思えるようになること、実際に行動に移せるようになっていくことも確かです。

やればできる、やりたいことはやってみればよい、という感覚が自信にもなって、スウェーデンとイギリスのアルツハイマー病協会にも、受け入れてもらえないかという手紙を書きました。スウェーデンからは、ノルウェー同様に受入れるとの返事を得ました。卒業後は、両親とヨーロッパ旅行をする予定だったので、北欧とイギリスのサービスを見学してから、ロンドンで合流すればよいと思ったのです。ただイギリスからは返事がなく、高齢者施設の見学はできませんでした。そして、ヨーロッパを巡った後、両親をロンドンから日本に送り出し、その後一人でスコットランドやウェールズを旅行し、いったんニューヨークに戻りました。すると、ロンドンのアルツハイマー病協会から受入れるとの手紙が届いていました。ノルウェーに向けて出発した直後に届いたようで、一歩、間に合わなかったのです。既に数か月が経過しており、事情を説明する手紙を出しました。北欧ともアメリカとも違うイギリスのサービス提供について知る機会を得られなかったことを、本当に残念に思っています。

オスロの訪問看護

古い住宅団地がにぎわっていた記憶は、日本だけのものではないようです。オスロの高齢者サービスを見学させてもらっていた時に、同じような話を聞きました。北欧の国というと、福祉が充実してすべての人が一定水準以上の暮らしをしているというイメージですが、一九五〇年代ぐらいまでは、オスロ市内にも貧困者の多く住む地区があったそうです。そのような地区の住宅には、風呂もありませんでした。そこで郊外に、日本と同じような公営の住宅団地が建設されました。広さはまさに、日本の公団住宅と同じぐらいです。新築で、当時としてはモダンなキッチンと風呂場があり、市内の薄暗い部屋から移り住んだ人々の喜びは大きかったに違いありません。子どもたちは既に独立し、残された親たちが老いると、介護サービスが必要となります。エレベーターがないことも、日本と同じです。部屋のしつらえはもちろん洋式ですが、日本の公団住宅と同じような広さ（狭さ）の空間にいると、異国であることを忘れさせるような、なつかしい感じがしました。

このようなアパートに、半ば取り残されたように暮らしている、というかほとんど身動きが取れないので「存在している」と言った方が実態に近いお年寄りたちを訪問するサービスを担っていたのは、看護師さんたちでした。訪問看護サービスとして、血圧の測定、服薬の管理、指導などを行いますが、仕事の大半はホームヘルプです。部屋に入るとお年寄りの様子を観察し、まだ寝ていれば起こし、着替えを手伝い、入浴が必要ならシャワーで体を洗い、朝食がまだなら、冷蔵庫を開けて簡単な朝食を用意し、血圧を測ったりして健康チェックを行い、薬の点検をします。あるお宅では、看護師さんが利用者にシャワーを使わせている（入浴介助）あいだに、私が冷蔵庫にあるものでサンドイッチを作りました。シャンプーを含めた全身浴ではなく、清潔を確保するために下半身をさっと流してパジャマから部屋着に着替えさせるだけですから、ほんの十分ほどです。浴室から出てくると、「日本から来た学生さんが朝食を作ったと書いておくわね」と話しながら記録を書き、訪問は終了しました。訪問時間は、約三十分でした。

日本では、訪問看護師さんが朝食の準備をすることは、おそらくないでしょう。訪問看護を利用するためには医師の指示が必要で、医療的な必要性があるということです。訪問看護の報酬は、訪問介護（ホームヘルプ）よりも高く設定されています。家事の値段を決めることは非常に難しいことで、私は、有能なヘルパーさんに対しては、もっと報いるべきだと思っています。ただし今の制度では、ご飯を炊いてもらう必要がある場合は、訪問介護を利用してヘルパーさんに炊いてもらわないと、介護保険財源の無駄遣いになります。縦割り解消という点では、訪問看護と訪問介護をあわせた複合型のサービスも作られています。これは、制度創設当初はなかったサービス類型の一つです。制度が利用者のニーズにあわせて改変されていくことは、良いことです。

福祉臭くないサービス①ノルウェー

日本で介護保険制度がスタートして、二十年以上が経過しました。この制度のおかげで、介護サービスが身近になりました。ただ、残念ながら個々のサービスプログラムは、前世紀に北欧で見せていただいたものに追いついていないと思います。福祉は心、と言われることがあります。でも心はあたりまえで、気持ちよく利用できないようなサービスを、誰も利用しません。コンビニでもデパートでも、八百屋さんでも、カフェでも同じことです。ところがかつては、介護サービスが不足していたこと、また介護職員の処遇も今よりずっと悪かったことから、お年寄りの呼び声が無視されてしまうこともありました。忙しすぎて、丁寧な対応ができなかったのかもしれませんが、それを言い訳にはできないと、努力が重ねられてきました。

サービス提供にあたって、ソフトな側面が重要であることに異論はありません。ただ、ハード面は一度できてしまうと変えることが困難なので、やっかいです。ウェールズを旅行していた時、なんとなく「福祉」や「施設」の匂いがする古い建物に出会いました。何の建物だろうと思って注意して見てみると、プレートがはめ込まれていて、そこがかつてワークハウス（救貧院）と呼ばれる福祉施設だったことがわかりました。あたりは静かで、悲惨さなどは微塵もありませんでした。ただやはり、「施設の匂い」を感じる建物でした。

私たちは部屋を借りると、自分の居心地が良いようにカーテンや家具を整えます。家を建てる時は、それこそ大騒ぎです。テレビで視聴者の住宅を紹介する番組が長く続いていることが、空間の大切さを示しています。ノルウェーとスウェーデンでデイサービスや老人介護施設を見学して、最もうらやましいと思ったのは、テーブルに布のテーブルセンターがかかっていて、食器は陶器とガラスだったことです。テーブルの上には、一輪挿しに花も活けてありました。

ノルウェーの老人ホームの食事は、調理されたものが地区の給食センターから届けられていました。老人ホームだけでなく、デイサービスセンター、幼稚園、保育所、学校などの食事を全部、地区の給食センターで作って各施設に配るのです。職員は時間になると、食堂のテーブルに皿やグラス、カトラリーを並べ、料理を温めます。利用者が席に着くと、温めた料理を皿に盛り分けて出します。メニューはスープとメインディッシュにパン、果物などのデザートが付いていました。咀嚼力や嚥下力の弱い人もいるので、消化の良いポリッジ（おかゆ）もありました。食事が終わると、職員が食器を食洗機に放り込んで終了です。十人ほどの利用者に、職員は一人でした。

日本の特別養護老人ホームでは、普通食からミキサー食まで、さまざまな形状の食事を提供しなければならないために、一人分ずつトレーにセットして配膳することになるのだと思います。ノルウェーでは、自立者の入居施設から重度の人ばかりの介護施設までが同じ地区内にあって、元気なうちは自宅または自立型のホームに住み、身体機能や認知機能の低下に応じて、介護施設を住み替えていくシステムでした。日本では多くの場合、施設入所は自宅のある住み慣れた地域からの離脱を意味します。ノルウェーのように、比較的小さな地理的区域ごとに、自立から重症まで、段階ごとの施設を配置できれば、入所者はみな地元の人で、地域との絆も保たれます。フロアによって異なる種類の施設が配置されている建物もありました。このやり方は、福祉を公的に提供することの強みです。日本では、財源を介護保険など公的な制度に依存しながら、サービスは、社会福祉法人、ＮＰＯ法人、医療法人、株式会社などそれぞれ独立した民間組織によって提供されます。一つの法人が同じ敷地内で複数の種類の施設を運営することは、日本でもめずらしくありません。けれども、たとえば小学校区ごとに必要な施設をトータルにコーディネートすることは難しいでしょう。それでも小さな村や町であれば、介護保険の保険者でもある市町村が強力なリーダーシップを発揮することで、ノルウェーのようなやり方もできないことはないと思います。

福祉臭くないサービス②スウェーデン

スウェーデンのアルツハイマー病協会から紹介された入所施設は、それは素晴らしいものでした。利用者の個室は、それぞれ二十畳ほどだったでしょうか。広々とした室内は、家から持ってきた家具調度品で、入所前に住んでいた自宅を、ほぼそのまま再現していました。いくつか部屋を見せていただき、それぞれが全く違う空間であることに驚きと感動を覚えました。ドアの脇には、それぞれの方のこれまでの人生がしのばれる絵や写真などがA5サイズぐらいの額にはめ込まれて、表札代わりに掛けられていました。画家だった男性の部屋には、イーゼルにカンバス、絵具や筆なども置かれていて、その人はもう絵を描けないにもかかわらず、さっきまで描いていたかも、と思わせるようなしつらえでした。部屋の外にはもちろん、彼の描いた絵が掛かっていました。施設内に人影はほとんどなく、ひっそりと静まり返っていました。日本に二十世帯が暮らすマンションがあるとして、その廊下を常時誰かがウロウロしていたりするでしょうか。日常の暮らしとは、そのように静かなものです。食堂は食事の際に使われるだけで、レクリエーションや体操が行われることはないのでしょう。見学を終えた帰り道、田園風景のなかを、施設の利用者たちとスタッフがゆっくりと散歩しているのが見えました。

スウェーデンでは、デイサービスもいくつか見せていただきました。日本のデイサービスと同じような二十人程度の利用者が毎日交代で訪れる事業所と、一日あたりの利用者が五人程度という事業所が印象に残っています。

利用者が五人ほどのデイサービスの職員は二人でした。一人が施設で待機し、もう一人が車で利用者を順番に迎えに行って、揃ったところで朝食をとります。ハム、チーズ、生野菜、パン、コーヒーというユースホステルと同じようなメニューでした。トマトやキュウリは、スタッフがその場で切って盛り付けていました。食器はやはり陶器で、テーブルセンターは布でした。職員は、おそらく家で朝食を済ませてきていたと思います。でも利用者と一緒にテーブルに着いて、お相伴にあずかっていました。食べ終わると、職員が食器を片付け、お年寄はそれぞれ自由に過ごします。編み物を持ってきている人あり、うとうとしている人あり、世間話をするでもなくしないでもなく、という感じで、時間がゆっくりと、でも自然に過ぎていきました。私も、どこかのお宅に招かれたような気分でした。

もう一つの、少し規模の大きなデイサービスのプログラムは、日本とよく似たものでした。違っていたのは、送迎のサービスを行っていなかったことです。高齢者の通所サービスに送迎は必須だと、モンク先生にも教えられていました。デイサービスを利用するお年寄りには、多少とも身体機能の低下があるため、幼稚園バスを待つ親子とは違って、近くの道路まで出て、そこで待つということが（とりわけ真夏や真冬は）できません。デイサービスの送迎車は、利用者宅を一軒ずつ回らざるを得ないのです。ですから、送迎をしていないことには驚きました。ではどうしているのかたずねると、タクシーを利用しているという答えが返ってきました。タクシーというと、高くつくように思ってしまいますが、タクシーを利用すれば、車両を準備する必要がなく、駐車場を確保する必要もありません。この施設は、旧市街の通りに面した古い建物の一階を、そのまま利用していました。送迎のための人材を雇う必要も、送迎の時間をプログラムに組み込む必要もありません。でも、タクシーは呼ばないと来ません。家族と同居ならともかく、一人暮らしの方が多いのではないかと思って、そのことを聞いてみました。手順は、こうです。早朝に訪問介護のヘルパーが訪問して、起床、洗面、着替えを手伝い、朝食を済ませたところでタクシーを呼び、デイサービスセンターの場所を伝えて送り出します。その後、ヘルパーは掃除や洗濯などの家事を行い、事務所に戻ります。デイサービスが終わると、デイサービスセンターがタクシーを呼んで、利用者を家まで送り届けます。家では、その時間に合わせて待機していたヘルパーが出迎えます。なるほど、と納得しました。

もう一つ、日本との大きな違いは、入浴サービスが付いていないということです。入浴は日本のデイサービスに欠かせないメニューです。デイサービスでは、入浴の他に、昼食、おやつ、レクリエーション、機能訓練（リハビリ）などが提供されます。入浴以外のサービスは必要ないけれど、お風呂に入りたいので仕方なくデイサービスを利用しているという方もいらっしゃると思います。これは、日本では浴室が狭いことの他に、お湯にゆったりつかるという入浴スタイルと関係しています。温泉施設には必ず、大きな浴槽がありませす。かつては高齢者介護施設でも、大浴槽の中をスロープ状にして、利用者の身体を洗った後に車いすごとお湯に入れるように工夫したりしていました。しかしながら、介助の必要なお年寄りの場合、お湯につかることでリラックスできるのは良いのですが、お湯が汚れてしまうことがあります。そこで、一九九〇年代半ば以降、先進的な介護の専門家のアイデアで、介護施設を新設する際に浴室に大浴槽を設置せず、家庭用の小さな浴槽を並べるスタイルがとられるようになりました。家庭用の浴槽は量産されていてコストも安くて済み、一人ずつお湯を新しく張りかえることで、皆が気持ちよく入浴できます。このスタイルの方が、水道代や燃料費もかからないのではないでしょうか。

西洋では、お湯につかることに対するこだわりがないので、シャワーの設備があれば十分です。見学したデイサービスでも、トイレとシャワーが三畳ほどのスペースにおさまっていて、トイレ介助の際に衣服が汚れていれば、シャワーで身体をさっと洗って着替えさせていました。浴槽はなく、介助者用の防水エプロンが壁に掛かっていました。オスロの団地の浴室は、日本のビジネスホテルの浴室ぐらいの小さなものでした。浴槽にお湯を張って洗い場で身体を洗うという入浴スタイルではありませんから、浴槽内にシャワーチェアを置いて座ってもらいます。下半身の清潔を保つだけであれば、介助者が自分の衣服を濡らすこともありません。

日本のデイサービスで、施設自体が小規模の場合、浴室は一般家庭用の広めの浴室であることが多いと思います。自分で浴槽に入ることのできる方ばかりではありません。浴室も身体も濡れているので、すべりやすくなっています。安全確保には、細心の注意が必要です。体力的にも精神的にも、入浴介助は負担の大きい仕事です。今後、シャワーだけでもかまわないという世代に移行すれば、状況は変わってくるかもしれません。お湯につかると気持ちが良いのは確かです。固まった筋肉がゆるんで、リハビリ効果もあります。ただ、シャワーだけで十分という場合は、そのように申し出てほしいと、事業者側が利用者に伝えることも必要だと思います。

ソーシャルワーカーはどこに

ニューヨークでソーシャルワークを学び、福祉先進国と言われる国々のサービスを見せてもらおうと大西洋を渡り、ノルウェーとスウェーデンを巡っているあいだに出会ったソーシャルワーカーは、ただ一人でした。ストックホルムで、夫やパートナーからのＤＶの被害者のために、シェルターを開きたいと話してくれました。オスロの団地のお年寄りたちの世話をしていたのは看護師でした。高齢者施設では、医師、看護師、介護職員が働いていましたが、ソーシャルワーカーだと名乗った人は一人もいませんでした。これは、高齢者介護の領域では、充実したサービス提供システムが整備されていること、それ故に、ソーシャルワーカーの出番がすでにニーズの評価という段階で終わっているということでしょう。ソーシャルワークの核は、社会正義や公正の実現です。虐待など、問題の原因や当事者の抱える事情が複雑に絡み、支援の方法も一筋縄ではいかなかったり、制度や政策の変更が必要になったりする場合は、たとえば私がオスロで同行した訪問看護師さんたちの手には負えなくなると思います。その時は、ソーシャルワーカーの出番となります。

第四部　人生の最終段階を生きる人々との出会いから

第九章　認知症の人の話を聴いてください

ニューヨークの日系人

留学一年目の実習先であったユナイテッドウェイに通い始めて、しばらく経った頃のことです。実習指導者に呼ばれて行ってみると、「一年目の実習では（人に対する）直接援助が必須になっているのだけれど、ここではその機会を作ってあげられないので、週三日のうち一日は、別のところで実習してほしい」という話でした。紹介された事業所は、JASSI（Japanese American Social Services, Inc.）という日系の団体でした。実習指導者は、日本や日系人とは縁もゆかりもないアフリカ系女性でしたが、JASSIを探し出すことは難しくなかったでしょう。またJASSIのような弱小事業者が、ユナイテッドウェイからの週一日のインターンの受入要請を断ることはできなかったのだと思います。

JASSIは、ある日系女性が自宅の台所を事務所代わりにして始めた、主に高齢の日系人を支援する福祉団体でした。訪ねると、日本人の女性が迎えてくれました。受入責任者は、日系三世の男性でした。ＪＡＳＳＩのスタッフにソーシャルワーカーはおらず、彼も私に何をさせたらよいのかわからないと、率直に言いました。とにかくここに所定の日数通うことでそれなりの実習ができるとユナイテッドウェイの実習指導者が判断したのですから、私にできることがあれば何でも、ということでＪＡＳＳＩとのお付き合いが始まりました。当時の職員は、創設者で代表でもある日系女性、面接をしてくれた日系三世の管理者、大学で公共政策を専攻した日本人女性、出迎えてくれたＫ子さんの四人でした。今は、事業規模も当時とは比較にならないぐらい大きくなっているようです。代表と管理者の二人は、日本語をほとんど話せませんでした。公共政策を学んだという若い女性は、親の転勤で渡米し、そのまま定着したという経歴の持ち主でバイリンガル、アメリカ人の夫の帰国にあわせて渡米したＫ子さんは、ＩＣＵ（国際基督教大学）出身で英語は堪能でした。ＪＡＳＳＩでの私の実習指導者は管理者の男性ということだったのですが、実際にはＫ子さんが私の面倒をみてくれました。彼女は、実際に日系のお年寄りを訪問し、必要なサービスにつないでいたので、私は彼女から多くを学びました。

いざという時に頼れる場所がないと、心細いものです。ＪＡＳＳＩは、マイノリティのなかでも極めて小さな集団である日系人を横に結びつけていました。日系人コミュニティの小ささは、チャイナタウンを形成している中国系や、南米からの移民は言うに及ばず、韓国系の住民とも比較になりませんでした。ＪＡＳＳＩでは、ニュースレターの発行も、ワープロで作ったものを事務所のコピー機で印刷して間に合わせていました。とはいえ、印刷や封入はちょっとたいへんですから、会員として登録している日系のおばさんたちや日本人留学生たちが集って作業をすることになります。それは、久々の交流の場であり、知り合いの近況を確かめたり安否をたずねたりする場ともなっていました。

ある時、ＪＡＳＳＩが支援に入っているＡさんの家の大掃除をしようという話になり、参加者を募り、日時を決めました。Ａさんが暮らすアパートは、低所得者向けの公営住宅で、彼女は一人でそこに住んでいました。低所得者住宅と言っても、日本の２ＤＫの団地に比べるとかなり広く、七、八十平米ぐらいはあったと思います。ただ、私が使っていた寮に比べて天井が低いように感じました。また、壁はコンクリートに塗料が塗ってあるだけで、キッチンもシンクとコンロがあるだけでした。そんな空間も、家具や敷物などで全く雰囲気は違ってくるはずですが、彼女の部屋はがらんとしていて、テーブルや椅子はあってもクッションやクロスはなく、窓にはカーテンもありませんでした。

Ａさんは、私が初めて出会った認知症のお年寄りでした。ただ、どのタイプの認知症だったのか、今も判断できません。脳血管疾患の既往症があるようには見えず、かといってアルツハイマー病とも違うように思いました。衣食住を自分で管理することはできず、三食のうち一食分はMeals on Wheelsという配食サービスを利用していました。このサービスは、高齢者の安否確認も兼ねている、とても良いサービスです。ところが彼女は、配達員が呼鈴を鳴らしても、その音に反応しないことが多く、安否確認は機能していませんでした。認知機能が低下していて、チャイムの音に気づかないことが多かったのです。私も何度か彼女を訪ねましたが、ドアの外から室内を歩き回る彼女の足音を聞き、ドアに近づいてくるのに合わせて、チャイムを鳴らすようにしていました。十分、二十分とかかることもめずらしくありませんでした。多くの訪問先を抱える配達員に、そのような忍耐力を期待することはできません。配達員は、ドアノブに惣菜とパンの入った袋（レジ袋）をかけて帰ってしまいます。次の配達の際に古い袋がそのままになっている場合は配達員が回収し、当日の袋を置いて帰るので、Aさんが部屋に取り込んだ時点で食べ物が傷んでいることはありません。「たまたま」配達のチャイムに気づいて、袋を受け取ることもあります。でもそうでなければ、「たまたま」玄関ドアを開けてみようと開けてみたらポトリと袋が落ちてそれを拾い上げるという状況でした。彼女はそれを「食事の配達」とは認識していませんでした。ただ「何か」が配達されたので部屋に取り込み、無造作にテーブルの上に置くのです。彼女には「食事をしなければならない」という認識もなく、お腹が空けば、テーブルに放置された袋や冷蔵庫を開けて目についたものを食べていました。衛生面に関しては、同世代の日系人女性が定期的に訪問してお風呂に入れ、部屋を片付けたり、食べ残しなどゴミを捨てたりしていました。ＪＡＳＳＩのおかげでＡさんは、定期的な入浴介助や食料の補充がなされ、体調も悪くなく、一人暮らしを維持していました。

私はその後、認知症についてかなり深く勉強する機会を得ました。ある特別養護老人ホームに定期的に通い、たくさんのお年寄りに出会いました。認知症に伴う周辺症状として、徘徊したり、食べられそうにないものを食べたり（異食）することがあります。ところが、私の経験が少ないだけかもしれないのですが、真冬に徘徊して風邪を引いたという話を聞いたことがないのです。こんなこともありました。ある利用者が、夜のうちに観葉植物の葉っぱを全部食べてしまったのです。でも、その方がお腹をこわしたという話は聞きませんでした。持病に悩まされている人が大病をすると、普段苦しめられている症状が出ないという話を聞きます。人間の身体は、不思議です。

彼女のような高齢者に、自宅での生活を続けてもらうのか、どこかの施設を探すのか、判断は簡単ではありません。Ａさんの生活に、問題がなかったわけではありません。でも、認知機能の低下した彼女の眼前には、若くして亡くなった娘さんとの活き活きとした二人暮らしが展開されていたのかもしれません。後に日本でお年寄りのお宅を訪問するようになった時、よく彼女のことを思い出しました。それは、自分の普通と相手の普通とが異なることを、自分に言い聞かせる機会でもありました。

認知症に気づく

実は、認知症という疾患があるわけではなく、認知症は、原因となるさまざまな疾患が引き起こしている症状です。特別養護老人ホームで暮らすお年寄りの多くは、アルツハイマー病による認知症（アルツハイマー型認知症）、または、脳梗塞などを原因とする認知症（脳血管性認知症）です。脳血管性の認知症は、脳梗塞や脳卒中によって記憶力や判断力が低下するもので、発症の時期を特定することができます。それに対してアルツハイマー型の場合は、症状がゆっくりと進みます。そのため、症状を冷静に捉え、どうも何かが起こっていて見過ごしにできないと、本人や家族が医師に相談したり、認知症疾患医療センターなどで診断を受けたりすることが必要です。一人暮らしのお年寄りがアルツハイマー型の認知症になった場合、かなり困った状態になるまで、支援の必要性が認識されないまま放っておかれる可能性があります。

普通・標準・基準の落とし穴

日々の暮らしに大きな変化をもたらす要因の一つが病気です。長期入院で休職、やがて退職ということになる可能性もあります。手や足を失ってしまったり、麻痺を起こしたりすると、それまでの仕事ができなくなるかもしれません。私たちの生活は、一つ何かが不具合になると、その影響が全体に及んでしまいます。家族の場合、一人ひとりの人生だけでなく、家族全体の幸せや調和が崩れてしまうことになりかねません。一つのことが引き金となって次々と別の困りごとを生じさせ、それらの困りごとが互いに複雑に絡み合い、もつれて簡単にはほぐせない状況になってしまうのです。そのような団子状になっている結び目を少しずつ解いていくことも、ソーシャルワーカーの仕事です。

ソーシャルワーカーは、in between（すきま・はざま）に注目して活動します。順調に治療を終えて退院できても、元の生活を取り戻すことが難しい場合があります。人の生活や人生は、病気⇩退院⇩健康のように、ある状態から次の状態へ、ある段階から次の段階へ、階段を上り下りするように、スイッチが切り替わるように変化するわけではありません。病気である状態から健康に至るまでの間の幅も、移行にかかる時間も、人それぞれです。また、制度の割れ目 chasm は、ソーシャルワークにとって重要な「目のつけどころ」

です。その割れ目は極めて深いことが多く、落ちてしまうと容易に脱出できないばかりでなく、他の人から見えなくなってしまいます。グレーゾーンは実はグレーではなく、真っ暗闇かもしれません。

健康診断で血液検査の結果が標準値から外れると、注意喚起のために、その数値が黒ではなく赤で印字されていたりします。差が小さければ、まあ様子をみましょうということになります。高い方に外れることは望ましく、低い方にはずれると困ったことになるタイプのものもあります。お金、学力、知識、常識、忍耐力、気配りなどは、高い方の値をたくさん持っていると、普通から滑り落ちる可能性は低くなりますが、低い方の値をたくさん持っていると危険です。私たちは、普通をキープできている間は、キープできているということに気づきません。でも、標準から少しずれてしまうと、とんでもない目に遭ってしまうことがあります。「標準」をどう扱うか、判断する側が判断される側の幸不幸を左右します。たとえば、学習障害があるのかないのか疑わしい子どもがいるとします。少し変わった子だなと標準の幅を広めに設定してくれる先生もいれば、必要な療育の機会を逸してはいけないと考える先生もいるでしょう。どちらが良いかは、一概には言えません。ただし、グレーゾーンの子どもが、周囲の大人や子どもたちから「和を乱す」存在だとしていじめの対象になったりすることも、十分に考えられます。

基準や標準がないと困ることも確かです。六十五歳以上を高齢者にすることで、社会保障予算を見積もることができます。人々が健康に留意するようになり、たいていの日本人は七十五歳までは元気だということがわかってきました。そこで、高齢者を七十五歳以上と七十四歳以下に分けて考えようという新しい考え方ができるのも、六十五歳という基準があるからです。その一方で、五十歳の人が標準とされる幅を超えて老化すると、そのことを本人も周囲も、また専門家も、すぐには認めることができません。見過ごされてしまうのです。その代表例が若年性のアルツハイマー病です。

若年性アルツハイマー病

今は、認知症の人に対する初期介入の手順が整えられていて、早めの支援ができるようになりました。でもかつては、認知症の初期症状についての知識をあまり持っていないお医者さんも多く、アルツハイマー病だとわかるまでに長くかかることがありました。若さを尊ぶアメリカ社会に対して、お年寄りを大切にする文化があると言われてきた日本においても、年齢と認知機能の低下を結びつけるエイジズム ageism（高齢者に対する偏見）から逃れることは難しいということなのでしょう。

人はみな、だいたい同じように大きくなります。赤ちゃんから大人になるまでの成長や発達には、「標準」をあてはめても問題ありません。でも、いったん大人になってしまうと、そこからの下り坂は人それぞれです。ゆっくり下る人もいれば、急いで下ることになる人もいます。四十代に見える六十歳の人も、七十代に見える五十五歳の人もいることを、誰もが知っています。身体じゅうの器官が衰えることは確かですが、その衰え方は千差万別で、同じ人でもすべての器官が同じように衰えるわけではありません。早くから髪が白くなる人も、ずっと黒髪を維持する人も、耳が遠くなって補聴器が必要になる人も、老眼鏡なしでずっと本が読める人も、老眼鏡が必要だけれども補聴器はいらないという人もいます。ソムリエや調香師をしていた人は、年をとっても優れた嗅覚を長く維持します。何より、経験にもとづく知恵や洞察力は、年をとることで獲得できるものです。落ち着いて考えればわかることであるにもかかわらず、目の前の出来事となると、私たちは思い込みに支配されてしまいます。認知症になるのはお年寄りだと思い込んで、四十代、五十代の人が物忘れの不安を訴えても「仕事が忙しくて疲れているから」「気にしすぎ」などと片付けられてしまうことが、以前はめずらしくありませんでした。

アルツハイマー病の発症には、遺伝子が関係していることがわかっています。この病名は、病気の発見者にちなんだものです。二十世紀初めの発見から時を経て、遠い親戚関係にある二人の研究者が、それぞれ別々に、自分たちの一族に原因不明の病で早くから普通の生活ができなくなって亡くなってしまう人が多いことに気付き、アルツハイマー病が遺伝子に関連することが解明されました。関連する遺伝子には四つのタイプがあって、そのうちの一つがアルツハイマー病を引き起こすカギとなります。私たちは両親からそれぞれ一つずつ、二つを受け継ぎます。カギとなるタイプの遺伝子を父親からも母親からも受け継ぐと、かなり若い時期に発症することになります。両親のどちらか一方だけから、つまり一つだけの場合は、発症の時期が遅くなるので、発症しないまま別の原因で死亡することになるかもしれません。私は留学中にこのことを、医学部（メディカルスクール）で提供されたアルツハイマー病に関する特別講座で学びました。この講座には、アルツハイマー病の家族を実際に介護している娘、息子、夫、妻などもゲストスピーカーとして招かれ、本人との関係の違いによって異なる介護者の苦悩も知ることができました。

日本では、地区ぐるみで認知症の啓発に取り組んでいた医師会もありましたが、そのような一部の地域を除いて、認知症に関する知識は、お医者さんたちのあいだにも広まっていませんでした。その後、先進的な大学病院や各地の医師会が啓発や研修を実施するようになり、認知症の早期支援システムが整備されていきました。

最初に気づくのは本人

アルツハイマー病に最初に気づくのは本人です。その経験は、「あれ?」というような戸惑いなのではないかと思います。それをアルツハイマー病と結びつけることは、容易ではないでしょう。高齢者施設の介護スタッフでも、その始まりの最初を、それとして認識することは難しいのではないかと思います。「ちょっと疲れているのかな」ぐらいで、済ませてしまうのではないでしょうか。その一方で、症状は確実に進行します。

若年性のアルツハイマー病の人がその経験を綴った本を、何冊か読みました。ある人は、車を運転していて信号が赤になったので止まった時、突然、そこがどこなのかわからなくなったそうです。全く見知らぬ交差点で、自分が直進しようとしていたのか左折(または右折)しようと思っていたのか、思い出せない。その驚きと恐怖の体験が綴られていました。本当に怖かっただろうと思います。そのまましばらく「見知らぬ」町をさまよった後、なんとか自宅に帰り着いたそうです。

このような出来事の回数が増えていくと、仕事にも支障が出るようになります。会社勤めをしている方の場合は、顧客との打ち合わせをすっぽかしてしまったり、それまでのその人からは考えられないようなミスをしたりするようになって、「ただごとではない」事態を直視せざるを得なくなります。

アルツハイマー病の薬

発電所で発電された電気は、送電線をつたって長い旅をした末に、私たちの家に届きます。発電所を出た電気が、そっくりそのまま届くわけではありません。長い旅をしているあいだに、ロスが出ます。私たちが受け取る感覚刺激も同じなのだそうです。音や光は、耳と目で受けとめられ、信号として神経細胞を伝って脳に届けられます。神経は、一本のホースのようなものではなく、細胞の連なりですから、細胞から細胞へと渡っていく際にロスが出ます。目や耳で受け取った刺激が、そのまま百パーセント脳に届くわけではないのです。感覚刺激だけでなく、身体じゅうでたくさんの情報の伝達が行われているはずです。アルツハイマー病の薬は、このロスを少なくするための薬です。

アルツハイマー病の方の場合、出される信号の量が少なくなっていき、病気が進行すると、それがますます少なくなります。まだ症状が軽いうちに薬を飲むことができれば、信号の量が少なくなってしまったとはいえ、ロスを防ぐことで健康な人の状態に近づけることができて、病気が治ったように見えるのです。でも、病気が進行し、信号の量がもっと少なくなってしまって、いくら薬を飲んでも効果が感じられなくなる時が訪れます。ですから、アルツハイマー病を早期に発見することは、とても重要なことです。

この病は、今のところ治療方法が見つかっていません。着実に進行しますが、それでも今日明日に急激に状態が変化するということはありません。病に最初に気づくのは、本人です。ただ、何かおかしいと感じても、またアルツハイマー病に関する知識があっても、認めたくないという気持ちが強く働くかもしれません。今では、どのお医者さんも、この病についてご存知でしょうし、診断のための体制も全国的に整備されています。病気が進行すれば、重要な判断をすることができなくなります。若年性の場合、まだまだ働き盛りですから、症状が重くならないうちに、自分と家族の将来のことをきちんと話し合っておかなければなりません。その時間を確保するために、早期発見、早期診断は必須です。

ウソとホント

詩人の柴田トヨさんが「先生に」という詩で、「今日は何曜日？」「９＋９は幾つ？」というような「バカな質問」はしないでほしい、「西条八十の詩は好きですか？　小泉内閣をどう思います？」というような質問なら「うれしいわ」とおっしゃっています。バカにするな、とはっきり言っていらっしゃるところが頼もしい。ご本人の朗読版も出ていて、それを聴くと、批判がましいところは全くなく、ご本人の人柄がしのばれます。高齢者だというだけで、このような対応をしてしまうのは「先生」だけではありません。私もうかうかとやってしまって、あとから気づくことがありましたし、今では、そのような対応を受ける側になって、その機会の多いことを改めて知ることになりました。

認知症のお年寄りの場合、その言葉がウソと捉えられてしまうことがあります。ウソをつくことは悪いことです。相手を思いやってウソをつくこともあるでしょうが、そうでなければ、相手を騙そうという意図があります。でも、認知症のお年寄りが「子どもが小学校から帰ってくる」と言っても、ウソをついているわけではありません。話の内容が、私たちの現実と違っているだけです。話しているお年寄りご本人にとっては、ホントのことなのです。

私たちを戸惑わせる認知症のお年寄りの発言には、二つの種類があります。一つは、「隣の奥さんに財布を盗られた」のように、あまりにも現実離れしていて悪意が含まれているのではないかと疑いたくなるもの、もう一つは、「子どもが小学校から帰ってくるので家に帰らないと」のように、(八十代の女性に)そんなことはあり得ないのですが、話の筋は通っているものです。かなりのお年寄りで、アルツハイマー型あるいは脳血管性の認知症の場合、ほとんどの方が、前者の段階を経て後者の段階に移ります。

前者の段階にある人をモモコさん、後者の段階にある人をサクラさんとして、もう少し具体的にお話ししたいと思います。モモコさんの場合、隣の奥さんが知ったらご近所としての関係が崩れますからたいへんです。それに対してサクラさんの場合は、かつては小学校に通っていた息子さんも今や高齢者ですから、あり得ない話です。ただ、子どもが帰ってくるまでに家に帰らないと、という気持ちは十分に理解できます。モモコさんのようなお年寄りの場合、宅配便が来たりするときちんと応対するので、周囲は彼女を「まだまだしっかりしている」と考えます。でもそれ故に、人を泥棒扱いしたりすることに対する戸惑いは大きくなります。記憶力や判断力が低下したモモコさんは、大切な財布をどこかにしまったものの、その場所を思い出せなくて、○○でもない、××でもないと考えます。その末に、○○でも××でもなければ盗まれたに違いない、家の中に入ってきても怪しまれないのは回覧板を持ってくる隣の奥さんだけだ、という結論にたどりついてしまいます。モモコさんにはまだ、人間関係、日時、場所などを認識する力や考える力が残っています。でもそのことがかえって、周囲に大きな戸惑いを感じさせてしまう結果を生じさせてしまうのです。

これに対して、サクラさんのようなお年寄りは、人や時間や場所がわかっていません。

これを「見当識障害」と言います。「見当」がつかないのです。老人ホームの食堂は、子ども時代に住んでいた家の居間と台所に、長い廊下は、家の前の路地に、居室の入り口は、近所の家々の玄関に見えているかもしれません。そうかと思うと、別の日には同じ食堂が、結婚して子どもたちを育て、内職に励んだ家になっていたりします。サクラさんでなくても、「家に帰りたい」としきりに訴える利用者はめずらしくありません。そのような利用者を、スタッフが忙しい時間をやりくりして、今は空き家になっているかつての自宅に連れて行っても本人はちっとも喜ばない、ということがよくあります。彼女の帰りたい家は、子育てをしていた頃の家で、小学生の息子とまだ若い夫が出迎えてくれなければ意味がないのです。そんなことはできっこありません。

サクラさんは、時間と場所を超越して生きています。時間と空間を自在に行き来しながら、活き活きと子育ての様子を語ったり、仕事について説明したりします。サクラさんは「どこでもドア」の持ち主なのです。私たちは、私たちの「今」に生きていますが、サクラさんの世界にポンと入ってみてください。そうすれば、普通の大人同士、人生の機微を語り合うことができます。また、見当識障害のお年寄りはみな「自分の世界」に住んでいるので、サクラさんと、サクラさん同様見当識のないフジエさんが、仲良く並んで語り合っていても、片方は仕事の話を、もう片方は夫の話をしているかもしれません。

私たちは、言葉がないと伝わらないと思いがちで、言葉を駆使しようと一所懸命になってしまいます。老人ホーム、とりわけ特別養護老人ホームの利用者の多くは、サクラさんのようなお年寄りです。認知症の診断基準は、知的障害ではないこと、判断能力が低下していること、日常生活が送れないこと、の三つです。自宅で暮らしていれば、その自宅や預金を騙し取られないためにも援助は不可欠です。自宅にとどまることが難しい場合は、グループホームをはじめとする入所施設に移らざるを得ません。そのため、サクラさんのようなお年寄りに普段の生活のなかで出会う機会は少ないでしょう。でも、もし家族がどこかの施設に入所したら、休みの日には会いに行き、「どこでもドア」から入って、時間と場所を共にしていただきたいと思います。サクラさんが若かった頃は、サクラさん自身も忙しくて、家族とゆっくり話をする機会もひょっとしたらなかったかもしれません。今なら、時計を巻き戻して、その頃できなかった話もできるのではないでしょうか。老人ホームのスタッフにも、同じことをお願いしたいのです。時間をやりくりして元の家に連れて帰っても、一つも良いことはありません。施設で、お年寄りの「どこでもドア」をノックして中に入り、話し相手になっていただくことが、いちばんの贈り物です。そのような役割を担ってくださるボランティアの方が、介護施設に増えると良いのですが。

ウソをつかない

私が特別養護老人ホームを運営する社会福祉法人で働くようになってしばらく経った頃、こんなことがありました。夕方、見当識を失ってしまっている利用者のミツさんが一階の玄関脇にある事務所にやってきて「これからお通夜があるので行ってきます」と言いました。そのような予定はありませんでしたので、職員の一人が「お通夜まではまだ時間があります。お食事の時間ですから食堂に戻りましょう。時間が来たらお知らせします」と答えました。ミツさんは、「そうですか、ではよろしくお願いします」と引き下がり、その職員が彼女を食堂に連れて行きました。

それを見て、なんて上手におっしゃるのだろうと思いましたが、そのように上手にウソがつけないと、仕事をやっていけないのかなとも思いました。ソーシャルワーカーが大切にしていることの一つが、ウソをつかないということです。人にウソをつくことが良くないということよりもむしろ、自分にウソをつかないということが重要です。他者に対するウソは通常その人を傷つけようとする意図によるものですが、この場合、そのような意図はありません。しかしながら、本当にその人のために良いことをしたという感覚もありません。これでよかったのだろうか、という思いが残ります。

ミツさんに「誰も亡くなったりしていませんし、あなたが行かなければならないお通夜なんかありませんよ」と私たちの現実をつきつけてしまったら、自分の世界に生きているミツさんは「そんなはずはない、どうして行かせてくれないの？」と怒り出すかもしれません。食堂に戻ったミツさんは、お通夜に行かせてほしいと頼んだこともすぐに忘れてしまうでしょう。でも、釈然としないなあ、と思っているはずです。ご飯を食べているうちにまた、「お通夜に行かせていただきます」と言って施設を出て行こうとするかもしれません。お通夜がないのは事実で、実際のところミツさんの行先はどこにもありませんから、「わかりました。どうぞ気を付けて行ってらっしゃい」と言うわけにはいきません。そうやって送り出してしまったら、ミツさんは間違いなくどこかで迷子になってしまいます。それだけなら良いのですが、交通事故に遭ったり、水路などに落ちてしまったりしては、ミツさん本人にも、ご家族に対しても申し訳が立ちません。

では、どうすればよいのでしょうか。何も心配する必要はありません。お通夜に行くことができなくても、ミツさんはその晩もぐっすり施設でお休みになりました。それは、お通夜のことを忘れてしまったから、というわけではありません。またふと思い出して、「お通夜に行きます」とおっしゃるかもしれません。ミツさんは、お通夜に行くことができないことも、どこかでわかっているのです。時間と場所を飛び越えて生きているミツさんは、私たちが「過去」と呼ぶ世界でだけ生きているわけではなく、私たちと同じ「今」を生きる存在でもあります。

昔取った杵柄

特別養護老人ホームを訪れたことのある方なら、赤ちゃんの人形をいとおしそうに抱いて話しかけているお年寄りを見たことがあるかもしれません。話しかけると、その子の様子を話してくれます。あなたが、本当の赤ん坊だと思っているみたいだから、と話を合わせているところにスタッフがやってきて、「お風呂の時間ですから行きましょう」と声をかけると、その人は「わかりました」と言って人形をテーブルの上に残し、浴室へとスタッフに連れられて行くことでしょう。でも、本当に生きた赤ちゃんを抱かせたら、決してそのようなことはなさいません。子育て経験者ですから、新米ママよりずっと上手に赤ちゃんをあやすことができます。おむつ交換も、ばっちりです。

老人ホームだけでなく、どこのデイサービスも、子どもたちを一人前に育て上げてきた「ベテランのお母さんたち」であふれています。このようなお母さんたちを、デイサービスの「利用者」にだけしておくのはもったいないことです。一方、家族の誰かが急に入院したりして小さい子どもを連れては行けないような時、子どもを預かってくれる所を見つけるのは至難の業です。一〇七ページで紹介した惣万さんは、そのような若いお母さんの要望に応えて、デイサービスを運営する傍ら、子どもも預かるようになりました。昼間は、デイサービスを利用しているベテランのお母さんたちが、子どもをあやしてくれます。

人形を抱いている時、お年寄りはお人形ごっこをしているわけではありません。その時は生身の赤ん坊として人形に接していて、同時にそれが人形だということもわかっている……見当識障害のお年寄りはとても器用なのです。この世界にうまく入り込むことができると、退屈しません。これまでの人生の喜びや苦労をどんどん話してくれるので、退屈しないのです。もちろん、守秘義務はあります。お年寄りは、私に何を話したのか、話したということさえすぐに忘れてしまいますが、私は覚えています。次に会った時には、話してくださった内容が情報として役立ちます。ソーシャルワーカーは対人援助職ですから、クライエントとの信頼関係には気を遣います。不用意な一言が、関係を台無しにすることもあります。ところが見当識障害のお年寄りに関しては、そのような心配をする必要がありません。何かがあっても「ごめんなさい」と謝って別れれば、次に会う時は初対面ですから、リラックスして臨めば、良い話ができます。

守備範囲が狭くなる

認知症の人と接する場合に知っておいていただきたいことが、もう一つあります。認知症の症状の中核は、認知機能の低下です。認知症でない私たちは、たとえば電車の車両の一番端に座って本を読んでいたとしても、もう一方の端で何かが起きるとすぐに気がついて顔を上げます。私たちのアンテナは、かなり広い範囲をカバーしています。ところが認知症になると、アンテナを張れる範囲がどんどん狭くなっていくのです。私たちは普通、互いに近づきすぎると気まずくなります。モモコさんの場合は、私たちと同じ距離感でだいじょうぶです。でも見当識のないサクラさんの場合、私たちが心地よいと感じる距離と、コミュニケーションをとれる距離とが、ぜんぜん違うのです。私たちが「こんにちは」と声をかけても、サクラさんには届かないかもしれません。サクラさんのような人には、私たちの普段の生活では「ちょっと非常識」と思われるほどに近づくことが必要になります。サクラさんの方から、あなたの手を握ってくるかもしれません。でも、手を引っ込めないでください。彼女は、あなたの手を必要としています。

指示の出し方

見当識がなくても、サクラさんは、歩くことも、歌うことも、お箸を使ってご飯を食べることも、座っていた椅子をテーブルの下に押し込むことも、トイレの水を流すことも、自分の判断でできます。これに対して、六十歳代ぐらいまでにアルツハイマー病を発症した若年性の方の場合、その症状は、時間の経過とともに、段階を経ながら確実に進行します。身体機能は維持していても、生活に必要なあれこれを、順を追って遂行していくことができなくなります。たとえば、車でスーパーに買い物に行って帰って来たとします。助手席に座っているアルツハイマー病の夫に妻が「買ってきたものを台所に持って行ってください」と言っても、夫には難しすぎるのです。

これを実行してもらうためには、指示を細かくする必要があります。窓の下のレバーを引っ張ってちょうだい、ドアを外に押して足をおろしてね、車から出てちょうだい、後ろのドアを開けてくれる？　袋を持ってちょうだい、玄関に向かって歩いて行ってね、ドアを開けてちょうだい、靴を脱いでね、上に上がれる？　廊下をまっすぐ行ってちょうだい、と言いながら一緒に行動しなければなりません。それでようやく買い物袋が、台所のテーブルの上に置かれます。お箸とスプーンを分けて引き出しにしまったり、食料品を冷蔵庫の棚と扉のポケットなど、それぞれに適した場所に入れたりすることは、複雑すぎて処理できません。ＡＤＬ（Activities of Daily Living 日常生活動作・身体機能）よりも、電話をかけたり料理をしたりといった何かを操作したり処理したりする能力、ＩＡＤＬ（Instrumental Activities of Daily Living）が先に損なわれてしまうのです。

その後、徘徊やトイレの場所がわからなかったために起こるトラブルなど、家族にとって重労働を強いられる、つらい時期がやってきます。徘徊すると、体力がまだ残っているので、何かに駆られるようにどんどん歩いて行ってしまう本人を、後ろから追いかけるのは本当にたいへんです。あるデイサービスセンターにそのような方がいらっしゃって、家に帰りたかったのでしょう、掃き出し窓を開けて出て行ってしまいました。気づいて追いかけましたが、小走りでないと追いつけません。ちょうど交番の前を通ったので、おまわりさんに助けを求め、一緒に追いかけてもらいました。無理に抑え込むようなことはしたくなかったので、見失わないようにしながらも、どこまでお付き合いしようかなと考えていたところ、幸い、自力で自宅に戻られました。

悲しいことに、病気が進行して、運動機能を掌っている脳の部分が損なわれることで、家族は重労働から解放されることになります。お年寄りの場合もアルツハイマー型の場合は、ゆっくりではあるものの、同様の経過をたどります。特別養護老人ホームなどにいらっしゃる方々は、体力も落ちていて若い方ほど進行の段階がはっきりしません。ただし、お年寄りの場合もいくつかの段階があり、大きく分けると、モモコさんのような方、時間と場所を超越していらっしゃるサクラさんのような方、そして話すことができにくくなったりベッドから離れることが難しくなったりしている方の三段階です。モモコさんのような方が自宅で暮らしていらっしゃると、家族やご近所とトラブルを引き起こしやすく、そのために施設入所を余儀なくされることも少なくありません。でも、この段階をなんとかしのいで、サクラさんのような段階になり、自宅で家族と共に暮らしていらっしゃる方もたくさんいます。夫婦で暮らしている場合などは、妻が認知症になっても、夫の支援が期待できます。一人暮らしの場合や、共働きの子世帯が世話をしなければならない場合には、外からの支援が必要です。介護保険による公的なサービスを利用することに加えて、高齢者とは直接縁のない方々に、認知症について知ってもらうことが、認知症の人とその家族にとって大きな利益となります。

認知症についての啓発

支援を必要とする人がいるということを社会に知らせることは、ソーシャルワーカーの仕事の一つです。認知症については既に、認知症サポーター養成講座という啓発活動が全国的に展開されています。知ることが第一歩ですから、これは大切な取り組みです。

ずっと以前、仕事から帰って来た私の父が、その日の朝の出来事を話してくれたことがありました。出勤しようと地下鉄の駅まで行き、階段を降りようとしていると、一人のおばあさんが父を呼び止めて「すみません、○○町に帰るにはどうしたらいいですか」とたずねました。○○町は、かなり離れたところにあって、そこへ行く直通のバスはなく、地下鉄に乗っても何回か乗り換えをしなければなりません。おばあさんの話しぶりから、地下鉄でのルートを教えてもすぐにわかってもらえそうになかったので、タクシーが一番だろうと思ってタクシーを拾い、そのおばあさんを押し込んで運転手さんに、「この人を○○町まで乗せて行ってあげて」と頼んだそうです。認知症についての知識がないことに加え、出勤途中でしたから、父にはそれが精一杯だったと思います。

そのおばあさんがその後どうなったのかは、わかりません。でも、父の話を聞いて私は、「おばあさんを一人、○○町まで飛ばしてしまったかもなあ」と思いました。おばあさんは認知症で、おそらくこの地区に住んでおり、○○町にある実家か、あるいは以前住んでいた家に「帰りたい」「帰らなければならない」と思ったのではないでしょうか。タクシーの運転手さんは、彼女の言う住所の近くまで行ったことでしょう。彼女が財布を持っていれば、タクシーから降ろされ、その後、あたりをさまようことになったはずです。財布を持っていなければ、困った運転手さんが彼女を最寄りの警察署に運んだでしょう。認知症かどうかは、一般の人でもしばらく話していると「どうもあやしい」と思うようになって、わかるはずです。その際に、多少とも認知症の知識があれば、うちの父のように「小さな親切大きなお世話」的な対応をせずに済みます。心停止で倒れた人を救う、ＡＥＤの研修と同じです。ちょっとした知識があれば、困っている人を救えます。

第十章　自律を大切に

介護の社会化を目指した制度は今

二〇〇〇年にスタートした介護保険制度は、介護サービスを充実させただけでなく、介護の仕事、ひいては福祉の仕事を人々に知らせることに貢献しました。この制度を通して、それまでマイナーであった介護や福祉を普通に語れるようになったことは、大きな成果です。大学や専門学校にも福祉関連のコースが次々と誕生し、まさに、福祉ブームでした。

介護保険は、福祉のサービスを保険という仕組みで提供しようという新たな試みでした。制度をスムーズにスタートさせるために、各地で説明会が実施され、保険料を納める被保険者として、必要な介護サービスを気兼ねなく存分に利用できるようになることに対する期待が高まっていました。しかし今、介護保険の財布はとても厳しい状況に陥っています。

介護保険は、家族が担ってきた介護を社会全体で担う（介護の社会化）ために導入されました。介護保険制度ができたことで、近所の家を訪問するヘルパーさんの姿や、デイサービスの送迎車を、頻繁に見かけるようになった人は多いのではないでしょうか。

高齢者の数が増えてきていることは確かです。ただ、団塊の世代の高齢化などは想定内のはずで、要支援・要介護状態になる人の割合が急激に増える要因も、特にはありませんでした。だとすれば、介護保険財政のひっ迫は、当初の認定基準が緩すぎた結果だということになります。国もそれを認め、要介護認定を厳密に行うとともに、制度に変更を加えて、要支援者など軽度者のサービス利用を抑えることができるようにしました。介護保険は公的な保険制度なので、税金も投入されています。また、納税者、被保険者、サービス事業者、サービス利用者、現場の職員、利用者家族などの利害が複雑に絡んでいます。この制度が、当初描かれていたようなバラ色の高齢社会を実現したかどうか、評価は分かれるでしょう。いったん作ってしまった制度を、調整していくことの難しさを感じます。

一つ踏まえておかなければならないのは、高齢者がみな介護保険のサービスを使っているわけではないということです。要支援・要介護と認定されている人の割合は、被保険者全体の約二割です。八十代前半でも、三割には届きません。八十五歳以上になると約六割になるものの、そのうち四人に一人は要支援です。多くの高齢者は、介護保険の保険料をずっと払い続けて、給付を受けることなく亡くなります。そうでなければ、保険制度は成り立ちません。我が国は、世界有数の長寿国です。長寿者ほど健康寿命が長く、寝込むことなく亡くなる可能性が高いと言われています。そのようなお年寄りは、介護保険のサービスを利用したとしてもごく短い間だけです。ホームヘルプサービスが自立を支援し、子どもたちが仕事を辞めることを防いでいるケースも、もちろん多くあるでしょう。ただ、自分がサービスを必要とする立場になった際には、必要十分なサービス利用に努め、みなが毎月負担している貴重な保険料を大切に使うようにしたいと思います。

ある男性の生き方

介護保険財政だけでなく、国民健康保険財政が厳しいことも周知のとおりです。社会保障制度は、国民が安心して暮らしていくためのものです。保険の制度は、保険料を納めることで給付を受ける権利を得るものですが、国民健康保険や介護保険は、民間の生命保険や自動車保険などとは異なり、保険料額は、所得によって調整されています。生活保護受給者の介護保険料は、公的に負担されます。

生活保護制度は、とても大切な制度です。たとえば、病気で働くことができなくなった人に、健康を回復するまで保護費（生活扶助や医療扶助）を支給します。その人が安心して療養し、回復して納税者に復帰すれば、保護費など安いものです。

いつだったか忘れてしまいましたがテレビで、健康保険証を持っていないという、心臓に持病を抱えた高齢男性の話が紹介されていました。それでは医療扶助を、と私は思ったのですが、その男性は病院に行くつもりはないとおっしゃるのです。男性の両親は早くに亡くなり、弟や妹の生活費と教育費を捻出するために、国民健康保険には加入しなかったそうです。生活のために職人を続けておられ、国保の保険料を払う余裕はないので未加入のままだということでした。国保に加入してこなかったのは自身の判断であり自己責任なので、持病で胸が苦しくなっても家で寝ているぐらいで、成り行きに任せているとのことでした。そして、それでよいと思っているという男性の言葉が、耳に残りました。この男性が公的な支援を求めても、誰も責めないでしょう。立派な社会人を、何人も育てたのですから。男性の口調から感じられたのは、確固とした自律でした。同じ行動を人々に強いることはできないと思いますし、この男性の行動についての評価も分かれるでしょう。ただ、社会に対してどのように自分の責任を果たしていくかという姿勢の一つとして、印象深いものでした。

日米の施設入所事情と高齢者の自律

二〇〇七年の秋、サンフランシスコ周辺の老人ホームを見学する機会を得ました。重度介護施設から自立度の高い人が暮らす施設まで、さまざまな種類があるのは、日本と同じです。アメリカの場合、サービスは民間で提供されているので、日本の制度にあてはめると、すべて有料老人ホームということになります。

一方、費用負担については、生活保護制度をイメージするとわかりやすいと思います。アメリカでは、日本の特別養護老人ホームに相当するような重度介護施設に入所する場合も、基本的に自費入所です。費用を賄うためには、自宅も処分しなければなりません。貯金や自宅を売ったお金を使い果たしたことが確認された後に、ようやく費用が公的に負担されます。自宅を子どもたちの名義に変えて、早々と公的負担に移行することは許されません。この点はかなり厳しく調査されるので、人々のあいだに不公平感は生じません。

日本の介護保険制度では、保険料の滞納状況に応じて、サービスの利用制限などの不利益処分が科せられるようになっています。後から加入するタダ乗り感や未加入者を生じさせにくい仕組みになっているのです。ただ、介護保険制度以前と比べて、制度の恩恵を最も受けたのは、比較的高所得のサラリーマン家庭です。介護保険制度ができるまでは、利用料は所得によって決定されていました。親が特別養護老人ホームに入所し、大企業の管理職ぐらいの人が扶養義務者であると判断された場合、月額の利用料は二十万円ほどにもなっていました。それが、介護保険では高齢者本人が一律一割負担でサービスを利用するようになり、利用料は月額六〜七万円ほどに軽減されました。さらに当初は、部屋代も食費も利用料に含まれていました。デイサービスやホームヘルプを利用しながら自宅での生活を続ける場合、食費や家賃は当然その人が負担します。この不公平を是正するために、今は、施設での食費や居住費、デイサービスの昼食代などは別途自己負担することになっています。

親の介護を子ども、それも娘が担うことが多いということ、本人がなるべくなら自宅で暮らし続けることを望んでいること、などはどこの国でも同じです。自立を貴ぶアメリカでは、年老いて身体の自由がきかなくなれば、どこかの施設に入所することを選択します。家族との絆が切れるわけではなく、電話や手紙を通して家族は親を支えます。

アメリカではかつて、かなりひどい老人ホームも少なくなかったことが、メイ・サートンの小説『今かくあれども』（みすず書房、一九九五年）などを読むとわかります。ただ、本書の主人公は自律していて、自身の置かれた環境を冷静に分析しています。介護を必要とする高齢者が、自身の身体機能を元に戻したり、事態を良くするために活動したりすることはできません。でも、与えられた環境内でどう生きるかを決めることはできます。サービスの質や制度を良くしていく責任は元気な人たちにあり、とりわけソーシャルワーカーはその責任を果たさなければなりません。

桜の日曜日

私は、自分より年上の、それもかなり年上の友人に恵まれました。彼女たちは、言うまでもなく人生経験が豊富で、その経験に基づく知恵があり、頭がやわらかく、誰に対しても公平で、人を助けることのできる人たちでした。その一人が、ウィルマです。

ウィルマの家は、ブルックリンにありました。ブルックリンは、高い建物のない、下町の雰囲気が漂う住宅地です。彼女の家のあたりは、どの通りも三階建ての長屋になった建物が並んだ並木道で、慣れないと見分けがつきません。駅周辺には、食料品店や花屋、カフェなどがあり、地下鉄の駅と駅の間隔は、徒歩で十分ぐらいしか離れていないので、日々の買物に不自由することはありません。ウィルマの家は、ある並木通の中ほどにありました。地下室もある三階建ての二階と三階を借りていて、下には高齢の大家さんが住んでいました。中は広く、二階のキッチンから外に小さなベランダがついていて、そこから遥か遠くに、ワールドトレードセンターのツインタワーが見えていました。

ウィルマはＣＵＳＳＷの大先輩で、私の在学中はまだ、ニューヨーク市の福祉事務所で働いていました。気さくな人柄で、職場でも彼女を慕う後輩職員はたくさんいたようです。ブルックリンで生まれ、亡くなる半年ほど前に老人ホームに移るまで、生涯をブルックリンで過ごしました。お母さんは、彼女がまだ子供の頃に他界し、その後お父さんが再婚されたようです。お姉さんが一人、退職後は時々一緒に旅行をしたりして、旅行先からカヤックを楽しんでいるという便りが届くこともありました。長く独身でしたが、再婚の男性と結婚しました。ここから、とてもアメリカ的な込み入った話になります。彼には養子がいて、その養子が子供のある女性と結婚して離婚しました。その後もウィルマは、養子の元の奥さんの子供たち（連れ子）を孫としてかわいがっていました。養子との離婚後、彼女はベネズエラに引っ越したので、ウィルマは晩年、毎年のようにベネズエラに行っていました。小さい「孫」たちは夏休みになると、長期間ウィルマの家に滞在し、後には、進学や就職の際にアパートが決まるまで、数か月同居していたこともありました。関係性の濃淡は、血縁の有無と関連しません。ウィルマが亡くなった後、そのうちの一人がアパートを整理し、「偲ぶ会」を手配してくれました。

アメリカには、定年制がありません。ウィルマは、七十歳を過ぎるまで福祉事務所で働いていたと思います。充実した職業人としての人生を送り、一人暮らしには十分すぎる額の年金を受け取っていました。仕事を辞めてからは、地元の大学が社会人向けに開講している絵画のクラスを受講したり、ブッククラブ（読書会）に通ったり、旅行に出かけたりして、サクセスフルエイジング（年をとったからといって落ち込んだりせず活き活きとした老後を送ること）、プロダクティブエイジング（仕事、ボランティア活動、孫の世話、などに携わり生産的な生活を送ること）を体現していました。

ブルックリンには大きな植物園（ブルックリン植物園）があります。中に、日本庭園があって、毎年春に「桜祭り」が行われます。園内には、市民の寄付で植樹された桜の木がずらりと並んだ一角があります。木にはそれぞれ、寄付者のプレートが添えられており、ウィルマ夫婦のものもありました。桜祭りの期間中の一日を「桜の日曜日」と銘打って、ウィルマの家で持ち寄りパーティが開かれていました。私が卒業した年には、植物園に大理石のベンチを寄付しようとお金が集められました。帰国後、私のところにも植物園からお礼の手紙が届きました。アメリカに寄付の文化があることは、先に述べたとおりです。その文化は、ウィルマのようなリーダーシップを発揮する人に支えられています。アメリカ人が日本人よりも、そのようなリーダーシップ力に優れているというわけではなく、リーダーシップを発揮しやすい環境や文化があるかどうか、ということだと思います。

二〇〇八年に彼女を訪ねた時、階下に住んでいた大家さんが寝たきりとなり、二十四時間体制でホームヘルプや訪問看護が組まれているとウィルマが話していました。その後しばらくして、とうとう大家さんが亡くなり、ウィルマもそこを出なければならなくなりました。幸い、歩いて十分ほどのところに、百平米ほどのアパートが見つかって引っ越しました。

ウィルマは、八十歳代に入った頃に動脈硬化に伴う大病をして入院しました。後遺症が残ったりしないかという私の心配をよそに、短期間の入院と自宅でのリハビリで順調に回復し、元の生活に復帰したのには驚かされました。アメリカの医療水準は、やはり高いのです。九十歳を過ぎてからは、さすがに杖を使うようになったものの、老人ホームに移る半年ぐらい前まで、車の運転もしていました。車のおかげで、一人暮らしを続けることができていたと思います。市から交付される駐車許可証をフロントガラスのところに置いておけば、カーネギーホールの前にでも車を停めておくことができます。

二〇一八年二月、おそらく次の機会はないだろうとからと、カリフォルニアに住むＢｅｅと二人で、ウィルマの誕生日に合わせてニューヨークに行くことにしました。私の方がＢｅｅより一日早く着いたので、ウィルマの指定したレストランで待ち合わせ、二人で夕食をとり、その後ブルーノートにジャズの演奏を聞きに行きました。十時頃、終わって通りに出ると、車で来ているからホテルまで送ってあげると言うのです。目の前に車があるので、びっくりしました。普通、個人の車をそのような場所に停めることはできません。また夜でしたし、その日は昼間雪が降って、路面がすべりやすくなっていました。ただ彼女の運転が確かなことは知っていましたから、私は遠慮なく助手席に乗り込み、ホテルまで送ってもらいました。私などより、ずっと上手な運転でした。翌日は、ミッドタウンの有名なレストランで、Ｂｅｅも加わってウィルマの九十一歳の誕生日を祝いました。レストランの手配はウィルマが行い、西海岸と地球の反対側から誕生日を祝いに来てくれた友人をもてなすのは当然だと、支払いも私たちにはさせてくれませんでした。食事の後は前夜と同じく、杖が必要な九十一歳の運転する車にＢｅｅと私が乗せてもらって、マンハッタンからブルックリン・ブリッジを渡り、ブルックリン美術館に行きました。

アパートの前に常時車を停めておけるのも、住人のなかで彼女だけです。ニューヨーク市のこの「どこにでも駐車可」という取り組みには、驚きました。ただ、ウィルマが一人暮らしを続けることができたのは、車のおかげということに加えて、彼女の人柄とソーシャルワークのスキルの一つでもある、ネットワーキング力に依るところが大きかったと思います。彼女には、その生来の才がありました。

ご主人は、残念ながら早くに亡くなっています。早くにと言っても、二人で世界中を旅行し、日本の各地にも足を延ばしていて、思い出はたくさんあったと思います。そのご主人は、私の二年目の実習先であったAARPに勤めていて、実習指導者のジーンをはじめ、事務所の古い職員はみな、そのご主人のことを知っていました。ウィルマも、「もし彼が生きていたらあなたの役にきっと立っただろうに残念だわ」と言っていました。ウィルマとは、たぶんご縁があったのだろうと思います。

第十一章　ソーシャルワーカーを身近な存在に

相談に行くか行かないか

困りごとは、入院したり要介護になったりする場合にだけ生じるわけでは、もちろんありません。では、病気や要介護以外のことから生じる困りごとを抱えている人を、どうしたら見つけることができるでしょうか。これは、なかなか難しいことです。なぜなら、私たちは、自分が凹んでいる時には、困っていると言うことさえしんどくてできないことが多いからです。風邪をひいて高熱が出ている時、晩ご飯にすき焼きかステーキのどちらが食べたいかと聞かれても、ご飯なんかどうでもいい、とにかくベッドに入って眠りたいと思うのではないでしょうか。ソーシャルワーカーの援助が必要な人たちは、それと同じような状態なのです。本当に困っている人は、実は相談には来ません。時折、生活保護も受けずにひっそりと自宅で亡くなっていたというような新聞記事が出ます。「どうして助けを求めなかったんだろう」と思うかもしれませんが、「助けを求めなければならない」「助けを求めよう」と思えるだけの力がないのです。

声をあげることができないほどに困っている人を見つける努力をすることも、ソーシャルワーカーの仕事の一つです。たとえば病気や介護をきっかけとして困ってないか、近所の方が、あるいはお医者さんが、ソーシャルワーカー（病院のソーシャルワーカー、福祉事務所のケースワーカー、地域包括支援センターの社会福祉士など）につないでくだされば、たくさんの人が助かると思います。

古い住宅団地

日本では戦後、地方出身の若者たちが結婚してできた核家族のための住宅団地が、大都市周辺のあちこちにできました。子どもたちが大きくなって団地を出て行くと、高齢者世帯が多くなります。その人たちも、子どもの家に引き取られたり老人ホームに移り住んだりして空室が目立つようになり、家族での入居という原則が改められ、単身者の入居が認められるようになりました。ところが、古い団地に入居を希望する若者は少なく、移って来たのは、ワケありの中高年男性や外国人でした。ワケありのワケとは、リストラや離婚をきっかけとした経済的困窮であることが多く、その背景には、病気やその後遺症としての障害、アルコールへの依存などがかくれています。そのような男性入居者は孤立しがちで、健康状態が悪化しても支援が届かないまま亡くなってしまったりするのです。

このような問題に対して、『孤独死ゼロ作戦：常盤平団地発信：生きかたは選べる！』（本の泉社、二〇〇八年）という本に紹介されているような、旧住民の有志による孤立者支援の取り組みも行われています。これを取材したドキュメンタリー番組の中で一人の活動メンバーが、「孤独死された人は、どんなにかつらかったことだろう。同じ団地に住んでいるという地縁を大切にしたい」と話していました。単身の新住人に声をかけて回るメンバーたちの活動は、ソーシャルワークのなかでもとりわけ重要な援助技術とされるアウトリーチであり、この団地の市民力は大したものだと思います。

ソーシャルワーカーを身近な存在に

ソーシャルワーカーはアメリカで誕生し、アメリカ社会には、ソーシャルワークが根づいています。北欧では、ソーシャルワーカーにほとんど出会いませんでした。ソーシャルワーカーがいないというわけでは、もちろんありません。私の訪問先が主に高齢者介護サービスの現場であったために、ソーシャルワーカーに出会わなかっただけです。病気、貧困、虐待、薬物や酒への依存、などさまざまな要因で困難な状況に陥っている個人や家族がいれば、ソーシャルワークの援助が行われるはずです。

たとえば、離婚後の母子家庭で母親が精神的な問題を抱えているために子どもがネグレクト状態となり非行に走ってしまったというような場合、この一家の支援はどのように行われるでしょうか。おそらく、生活費にも困っているでしょう。母親の治療、子どもの更生や教育、父親との関係の維持など多方面からの検討が必要です。北欧ではこれが、行政機関によって行われ、アメリカでは民間の非営利団体によって行われます。日本は基本的に、北欧型の方法を採用しています。

サービスの充実度は、国の予算を何にどの程度割くかということに依ります。ただそれにとどまらず、人々の幸福の実現のためには、理念も重要です。北欧でも、昔から今のような体制が整っていたわけではありません。以前、といっても今世紀に入ってからだったと思うのですが、テレビで、北欧の知的障害者のグループホームを取材した番組を見たことがあります。障害者施設で暮らしてきた人たちを、街中のグループホームに移住させる「脱施設化」の試みを紹介したものでした。一人の女性が古いラジカセを持ち、イヤホンで音楽を聴きながら、リズムをとって歌っていました。曲は、彼女の一番のお気に入りの曲だということでした。「ウエヲムーイテアルコーナミダガコボレナイヨーニ」……少し変な発音でしたが、まぎれもない「スキヤキソング」（坂本九の「上を向いて歩こう」）でした。その様子は彼女が、長い年月を障害者施設で暮らし、意味のわからない日本語の歌詞を丸ごと覚えてしまうほどに、この曲を繰り返し聴いたことをまざまざと示していました。「誰もが普通の暮らしをする」という理念が一般化したのは、北欧においてもつい最近のことなのです。

基本的人権の保障、自己決定、ノーマライゼーションなどの理念は、どの国においても同じように重要です。それを、どのようなかたちで実現するか、やり方は、それぞれの国や地域で人々が選んでいくことになります。幸せを求めながらつかめないでいる人が、ソーシャルワーカーにどこでどのように出会うようにするか。また援助に必要な資源をどのように調達するのか。北欧ほどに量的な充実が望めない（望まない）とすれば、私たちは、アメリカの実践を、もっと参考にしてよいのではないでしょうか。またこれまで、人種のるつぼであるか否かという点が、アメリカと日本の違いだと言われてきましたが、二〇二一年末時点の在留外国人数は二百七十六万六千人で、まもなく三百万人を超えるでしょう。「日本人しかいない日本社会」という幻想（アイヌや在日韓国朝鮮人などの存在を無視してきました）は、もはや維持できません。人口構成の変化という面からも、アメリカのソーシャルワーク実践に学ぶべきところは多いはずです。価値観を含めさまざまな側面で多様化がすすむであろう日本で、人々のニーズに応えることのできるソーシャルワーカーが、必ず必要になります。そして、誰もがソーシャルワーカーの存在を身近に感じることができるようになることを願っています。

異文化への寛容さ

異文化への寛容さや好奇心は、地球市民としての重要な資質だと思います。数年前、異文化コミュニケーションについて学ぶ機会を得ました。たとえ家族であっても、自分以外はみな、自分とは異なる文化の持ち主です。

最近、外国にルーツを持つ子どもたちの、日本での編入学や進学を支援するボランティアに参加するようになりました。子どもたちがこの国に長く住み続けるのか、あるいは数年で帰るのかはわかりませんが、来てよかったと思えるようにすることが支援の目的です。政府が外国からやって来る人をどのように位置づけようと、実際に外国にルーツを持ちながら、相当長い年月を日本で過ごす人が、今後も増えていくでしょう。

外国から日本にやって来た人が定着するかどうかは、生活基盤を整えることができるかどうかに依ります。ただし、人はパンのみにて生くるものにあらずと言われます。決め手は、「水が合う」ということではないかと思います。また、定着の努力は定着しようとする側がするものという考え方にも、変化が現れてきています。「やさしい日本語」を普及させようという努力も、その一つです。大きな災害が起きると、日本語がよくわからない外国人は置き去りになってしまいます。在留外国人の出身国籍・地域は、短期滞在も含めると約二百にも及びます。上位十の国籍・地域の公用語が九言語、上位二十の国籍・地域になると十九言語になります。人数では、上位十の国籍・地域で八十五%ほど、上位二十の国籍・地域で九十五%ほどです。十九言語で非常時の手引きを作れば、残りの五%ほどの人は置き去りで良いということにはなりません。また、英語よりも日本語の方がよく理解できるという人も、少なくありません。東京都国際交流委員会の調査（二〇一八年）では、情報発信を希望する言語として最も多かったのが「やさしい日本語」（七十六%）でした。「避難してください」ではなく「逃げてください」「近くの小学校に行ってください」、「持参してください」ではなく「持ってきてください」「持って行ってください」と言えば、来日して日の浅い人でも理解することができます。このような言い換えは、少し練習すればそう難しいことではありません。

来日して日本語の勉強を一から始め、数年で看護師や介護福祉士の国家資格を取得するような外国人は、とても優秀な人たちです。その人たちが、本国から家族を呼び寄せたりして定着しようとするのであれば、それを支援することが社会の利益になります。日本で生まれた場合はもちろん、日本の保育所や幼稚園に通って育つ子どもたちに、言葉の壁はありません。小学校の高学年ともなれば、重要な法的手続きなど、親に付き添って立派に通訳としての役割を果たします。移民の国アメリカでは、そのような経験が繰り返されてきました。日本の社会は、日本語を話さない人たちと同居（共生）することに、まだ慣れていないだけでしょう。

私の父は就職のために呉から大阪にやってきて、結婚後はずっと母の実家のそばで暮らした「マスオさん」でした。遣唐使船が出た頃は大陸からの交易船が着くような古い村で、小さいながら堀に囲まれた環濠集落でした。南北に走る道沿いに立派なお屋敷があって、楠木正成が千早赤阪城に帰る途中、そこで休憩したという話が伝わっています。堀は一九六四年の東京オリンピックが開催された頃にはまだ残っていて、堀に面した家々は、京都の社家町のように、玄関に入るための小さな橋を堀に渡していました。その後まもなく堀は埋められ、今は道になっています。明治の頃は今よりも冬が厳しかったようで、堀がしばしば凍結したそうです。堀が凍ると、藁草履を履いた子どもたちが、村の中を歩いて学校に行かず、わざわざ南の入り口からぐるりと堀を滑りながら北の入り口付近にある小学校へ行ったものだと、祖父が楽しそうに話していました。

そんな古い村に、母の娘時代、朝鮮半島出身の一家が一軒の家を借り、戦後まで住んでいたそうです。朝鮮風に暮らし、近所とも普通に付き合っていました。「お葬式が賑やかでね」という話を母はよくしていましたが、村で何らかのトラブルや確執があったという話は聞いたことがありません。遠い昔、自分たちが渡来人だったかもしれないなどと村人が考えていたわけではないでしょう。私たちはもともと、そう排他的ではないのです。近所にエイリアン（外国人）が引っ越してきたら、宇宙人だ！と遠ざけず、同胞の地球人として関心を寄せてください。その時、ついでにソーシャルワークの考え方や方法を思い出していただけると、何かの役に立つと思います。

あとがき

本書でお伝えしたかったことは、アメリカのソーシャルワーク事情とその社会的な背景です。北欧で見た素敵な老人ホームやデイサービス、楽しかった認知症のお年寄りたちとの対話、互いに遠く離れて住んでいてもずっと親しくしてきた友人の生き方、多様化する日本社会などについての話が、その理解の助けになれば幸いです。

本書に登場するＢｅｅとは、ＣＵＳＳＷの二年生と一年生として出会いました。私をウィルマにひき会わせてくれたのも、彼女です。出会ってまもなく、彼女はそれまで住んでいた寮を出て、コロンビアで統計学を学ぶ男子学生とアパートを借りて住み始めました。二人は半年ほど後に結婚し、今は有名なゴルフ場のあるペブルビーチに住んでいます。二人の子どもは、大学生になりました。

留学中、彼女はずっと私のメンターでした。一年目の実習先で心細い思いをしなくて済んだのは、彼女がいたからです。必修科目のペーパー（レポート）を書く際のコツも、伝授してくれました。夫となった彼氏もまた、私を助けてくれました。卒業研究として取り組んだ調査の分析が間違っていないかどうか、私の質問にいやな顔一つせず、いつも丁寧に答えてくれました。Ｂｅｅは十年ほど前に大病をして、あまり無理ができなくなってしまいました。二人がこの先、長く穏やかに過ごすことができるよう祈っています。

何人かの日本人留学生にも、幾度となく助けていただきました。何よりも、勉強の合間にカフェで会ったり、電話をかけたりして楽しむ日本語でのおしゃべりは、心のビタミン剤でした。

Ｂｅｅ、ウィルマ、モンク先生、快くノートを貸してくれたアメリカ人のクラスメイトたち、その他たくさんの人から得たものを、私一人の財産として埋もれさせたくありませんでした。本書で、それが多少ともできたのではないかと考えています。そしてこれからは、受け取ったものを少しずつ、身近な地域で「おすそ分け」していきたいと思っています。

著者紹介

北村　育子（きたむら　いくこ）

地方公務員を経てコロンビア大学スクール・オブ・ソーシャルワークで学び、帰国後は主に大学等で社会福祉士養成に携わる。
現在は、家庭裁判所、家庭問題情報センター（FPIC）などで家族支援に関わりながら、グランドハープ、能楽（謡・仕舞）の稽古に通っている。

桜の日曜日
NYのソーシャルワーク・スクールで出会ったアメリカの良心

発　行　日———2023年3月31日　初版第1刷発行

著　　　者———北村　育子
カバーイラスト———いまにしななみ
発　行　者———竹鼻　均之
発　行　所———株式会社 みらい
〒500-8137　岐阜市東興町40番地　第五澤田ビル
TEL　058（247）1227㈹
FAX　058（247）1218
http://www.mirai-inc.jp/
印刷・製本———㈱太洋社

定価はカバーに表示してあります。落丁・乱丁本はお取り替えいたします。

ISBN978-4-86015-593-3 C1036